# Come dire NO
## ed essere ancora più apprezzati

Giovanna D'Alessio

Prima edizione: 2003 (Sperling & Kupfer)
Seconda edizione: 2004 (Sperling & Kupfer)
Terza edizione aggiornata: 2017 (Asterys)


ISBN n. 9788890957628

Publishing company:
Asterys s.r.l.
Via di Villa Zingone, 36
Rome, Italy 00151
www.asterys.com

# DEDICA

A mio marito, Pier Paolo,
che sa dirmi no tutte le volte che serve.

# SOMMARIO

1. Introduzione        7

2. Perché non riusciamo a dire di no.        19

3. Cosa è utile sapere quando ci prepariamo a dire di no.    49

4. Rafforziamo lo spazio dell'io autentico        71

5. Come dire di no ed essere apprezzati ancora di più.    105

Bibliografia        145

L'autore        147

# 1. INTRODUZIONE

*Roberta (39 anni) ha assunto un ruolo di responsabilità in una nuova azienda, ruolo che la porta a stretto contatto con l'amministratore delegato. Dopo i primi mesi di rapporto equilibrato con il suo capo, quest'ultimo inizia a rivolgersi a lei senza nessun garbo, anzi con disprezzo, criticando ogni progetto che propone – anche di fronte ai colleghi – sminuendo la sua professionalità ed il suo ruolo, controllando e sindacando ogni sua decisione. Quando lui crede che Roberta abbia fatto un errore alza la voce e la umilia davanti a tutto l'ufficio. Roberta è disorientata, vorrebbe reagire ma ha paura di dover rinunciare alla sua posizione, di doversi rimettere in gioco in un'altra azienda. Tenta all'inizio di giustificarlo, rimanendo passiva alle sue sfuriate, sperando che sia solo un momento particolarmente delicato e che presto passerà. Dopo due anni la situazione non è cambiata e Roberta ha perso la sua autostima: ora inizia a mettere in dubbio lei stessa la qualità del suo lavoro e la sua professionalità.*

*Carla (36 anni) si è appena separata. Ha una figlia di 8 anni e una madre insoddisfatta che ha perso il marito alcuni anni fa. Invece di rimettere in sesto la sua vita affettiva inizia ad assecondare le richieste della madre di farle compagnia più spesso. Alla base di queste richieste emerge il bisogno di avere qualcuno che si dedichi a lei e riempia le sue giornate vuote e poco importa se Carla ha invece bisogno di sostegno per superare questa fase critica della sua vita e ritrovare un nuovo* equilibrio. *Carla passa quasi tutto il suo tempo libero con la madre finché non si accorge che la vita attorno a lei sta scorrendo e che il suo bisogno di cercare un nuovo compagno è stato messo completamente da parte per soddisfare quelli che a volte sono solo capricci di un genitore possessivo. Carla vorrebbe trovare più tempo per potersi riappropriare di una vita sociale ma la madre, anche senza farlo apertamente, riesce sempre a farla sentire in colpa, e Carla finisce per sciupare, anno dopo anno, i suoi sogni.*

*Antonello (32 anni) ha un buon carattere ed è felice di aiutare gli amici che lo chiamano per un consiglio. Una delle sue migliori amiche, però, da qualche tempo ha passato il segno. Ha sempre qualche problema: un nuovo fidanzato l'ha lasciata, è rimasta senza benzina dall'altra parte della città, è rimasta chiusa fuori casa, ha un rapporto conflittuale con suo padre e via dicendo. Ogni volta che telefona, ad Antonello viene chiesto di precipitarsi da lei ed essere la spalla su cui piangere, il fratello maggiore che deve toglierla dai guai, lo chauffeur che deve accompagnarla. Antonello è esausto e vorrebbe che almeno qualche volta la sua amica fosse disponibile ad ascoltare anche i suoi, di problemi. Ogni volta che ha tentato di parlarle di questa situazione ormai insostenibile lei ha chiesto scusa, gli ha promesso di essere più disponibile, ma dopo poche settimane le sue richieste di aiuto continuano come sempre.*

*Marina (31 anni) è single, fa un lavoro creativo ed ha una famiglia numerosa. Una delle abitudini della famiglia è quella di ritrovarsi almeno una volta al mese in occasione di matrimoni, compleanni, battesimi, feste di laurea e via dicendo. Ed ogni volta per lei è lo stesso copione: entro pochi minuti dal suo arrivo è il bersaglio di preoccupazioni e velate critiche da parte dei membri della famiglia ai quali la sua vita al di fuori dello schema comunemente accettato dal resto della compagnia mette costante agitazione. A volte Marina vorrebbe mandarli tutti al diavolo o almeno riuscire ad evitare alcune delle riunioni familiari, ma teme che alcuni parenti potrebbero offendersi e quindi peggiorare la situazione.*

Queste storie vi sembrano familiari? In tantissime occasioni ci capita di sentirci a disagio, nervosi, a volte furiosi ma per quieto vivere, per evitare di offendere o di essere mal giudicati, magari per non rischiare il nostro stipendio, ci sentiamo costretti a soprassedere e quindi ad accettare alcuni eventi o alcuni comportamenti.

A volte le situazioni alle quali non riusciamo a dire di no sono molto più banali di quelle descritte, ma ci infastidiscono allo stesso modo: un amico che non ha mai offerto un caffè, un questuante al semaforo, un'amica che ci fa sempre delle battute sarcastiche, un collega che minimizza il lavoro che facciamo, una mamma che ci fa una velata critica.

Nella mia attività di coach, ho lavorato con oltre 500 clienti negli ultimi quindici anni, e li ho aiutati a colmare il gap tra dove erano e dove avrebbero voluto essere, sia nella vita personale che in quella professionale, sempre mantenendo un sano equilibrio tra vita privata e lavoro. Il motivo che ha spinto i miei clienti a lavorare con me è stato il loro desiderio di riesaminare la propria vita personale e professionale ed iniziare a focalizzarsi di più su se stessi per raggiungere più efficacemente i loro obiettivi e per costruire quella vita che veramente desideravano avere.

I miglioramenti sono stati differenti per ognuno. Alcuni hanno iniziato a riscoprire i loro talenti ed i loro valori ed hanno iniziato a ridefinire la propria vita attorno a questi elementi. Altri hanno preso maggiore consapevolezza del loro ruolo all'interno degli accadimenti, positivi e negativi, della loro vita ed hanno definito un piano di azione per poter raggiungere le varie tappe del percorso di crescita personale e professionale. Altri ancora hanno identificato i pregiudizi e "filtri" personali con i quali limitavano la loro interpretazione di situazioni e persone ed hanno lavorato per superarli. Altri ancora hanno identificato i processi di "auto-sabotaggio" che impedivano loro di raggiungere ciò che più desideravano. Partendo da questa consapevolezza hanno poi individuato quali meccanismi attivare per attrarre verso di loro l'obiettivo voluto invece di faticare per raggiungerlo.

Uno degli ostacoli di fondo che molti dei miei clienti hanno incontrato è stata la difficoltà nel dire di no. Come se si considerassero meno importanti degli altri (o comunque come se gli spazi e i comportamenti degli altri avessero maggior valore degli spazi e comportamenti propri), come se dire di no e far quindi valere i propri diritti fosse un atto di egoismo o di aggressività.

In qualità di executive coach sono stata una partner per i miei clienti e durante i nostri incontri periodici li ho aiutati a rivalutare le loro priorità, a ridefinire il proprio personale concetto di successo, a pianificare le varie fasi necessarie a raggiungere i loro obiettivi, ad identificare gli ostacoli e a superarli brillantemente, a confrontarsi con gli altri in modo nuovo, più costruttivo ed adulto. Ad ogni incontro abbiamo concordato un piano di azione con alcune attività che il cliente si prendeva l'impegno di completare. Queste attività potevano riguardare la sperimentazione di nuove modalità e comportamenti che avevamo esplorato durante gli incontri, oppure l'osservazione dei propri comportamenti ed emozioni per aumentare la propria consapevolezza di sé.

Mi sono resa conto che questi "compiti" facevano una grande differenza nel processo di sviluppo di ogni cliente. Durante questi ultimi anni ho aiutato le persone a capire cos'è che ci trattiene dal vivere una vita autentica, libera da problemi e da stress e in quale modo si possono vedere le cose da un diverso punto di vista, identificare nuove strade per raggiungere i propri obiettivi, far emergere i propri valori e costruire la propria esistenza attorno ad essi.

Ho condensato, in questo libro, alcune riflessioni che ho condiviso con i miei clienti e gli esercizi che hanno maggiormente apprezzato nel loro percorso di coaching insieme a me. Lo scopo del libro è quello di capire come nascono i meccanismi che ci impediscono di comunicare un semplice "no", identificare possibili soluzioni e offrire un programma di lavoro per coloro che vogliono ricollocarsi al centro della loro vita e delle loro priorità.

Dire di no a volte è il più prezioso regalo che possiamo fare a noi stessi e agli altri. Ci permette anche di dire di si ad una vita più appagante, più autentica, più significativa.

### La responsabilità è solo nostra

Se mettiamo la nostra vita nelle mani di chi ci critica costantemente senza costruttività, di chi ci offende con i suoi comportamenti, di chi riesce attraverso trappole psicologiche a farci rispondere alle sue aspettative, di chi ci prosciuga energie senza dare niente in cambio, la qualità della nostra vita e delle relazioni con chi ci sta vicino, la nostra autostima e la nostra felicità saranno danneggiate irreparabilmente. Noi abbiamo la responsabilità di costruire la nostra vita e i legami con gli altri in modo da sentirci appagati, di costruire attorno a noi una comunità di persone che ci apprezza e ci sostiene, di difendere i nostri valori e il nostro Io Autentico da coloro che vogliono minarli, sia che lo facciano in modo aperto, sia che lo facciano in modo dissimulato attraverso ricatti psicologici.

Attraverso il programma di questo libro apprenderai ad assumere una maggiore responsabilità verso te stesso e verso ciò che succede attorno a te per avere un controllo più efficace delle situazioni e degli eventi.

### L'Io Autentico e gli scudi difensivi

Il nostro Io Autentico è l'essenza di ciò che siamo e di ciò che vogliamo per noi stessi la cui integrità e pienezza è necessaria per sentirci pienamente soddisfatti, appagati e completi. L'Io Autentico comprende i nostri bisogni, cioè quelle esigenze che dobbiamo soddisfare per sentirci al nostro meglio. Comprende i nostri Valori Autentici, cioè quelle attività e quei talenti che sono innati e che ci permettono di esprimere noi stessi. L'Io Autentico comprende anche tutti i nostri principi ed i comportamenti che decidiamo di assumere nell'interazione con gli altri per essere coerenti con i nostri valori. In altre parole l'Io Autentico comprende gli "standard" che decidiamo di assumere e che definiscono che tipo di persona siamo. Una volta definiti e rafforzati i nostri bisogni, i nostri Valori Autentici e i nostri Standard, avremo maggiore coscienza di noi stessi, maggiore integrità e maggiore coerenza.

Una volta che il nostro Io Autentico sarà forte, possiamo definire quale è la nostra missione e come vogliamo disegnare la nostra vita affinché i nostri Valori Autentici ed i nostri Standard siano sempre onorati e i nostri bisogni siano appagati. Per salvaguardare il nostro Io Autentico impareremo a costruire degli scudi difensivi attorno a noi e ad applicarli affinché gli altri (coloro che ci vogliono bene e che non giocano in mala fede) possano imparare a comunicare meglio con noi, e ad apprezzarci ancora di più.

Gli scudi difensivi sono inoltre un ottimo rimedio per allontanare coloro che attentano alla nostra autostima e che vorrebbero destabilizzarci, allontanandoci dai nostri valori. Solo attraverso la consapevolezza del nostro Io Autentico e attraverso gli scudi difensivi saremo in grado di dire di no senza sentirci in colpa e senza avere paura.

Credo sia importante, prima di addentrarci nel labirinto delle motivazioni che sottendono alla nostra incapacità di dire di no, distinguere in modo chiaro i concetti di egoismo e di attenzione verso se stessi.

### Egoismo e attenzione per se stessi.

Negare il nostro sostegno ad un genitore malato, o un aiuto ad un amico oppure non accettare nessun compromesso in un matrimonio, sono comportamenti che possono essere qualificati come egoisti. Tra i valori più alti che molto spesso le famiglie ci hanno insegnato ci sono il rispetto per gli altri, la gioia di offrire aiuto a chi ne ha bisogno, l'amore e l'amicizia. Quando mettiamo in pratica questi valori generalmente ci sentiamo appagati, i nostri bisogni di accettazione e di riconoscimento vengono soddisfatti, siamo felici di poter dare.

Immaginiamo però che tutto ciò che possiamo dare sia rappresentato da un lago. Più acqua arriva dal fiume immissario, più il lago prospera e più acqua defluirà a valle attraverso l'emissario. In periodi di siccità, quando l'immissario è ridotto ad un rigagnolo, il lago si impoverisce, il livello dell'acqua si abbassa e la temperatura dell'acqua si alza, rendendo impossibile la vita per i pesci e l'emissario non riesce più ad irrigare i campi a valle. Analogamente, se la nostra capacità di dare non è costantemente alimentata, il nostro lago si prosciugherà e tutto ciò che potremo offrire sarà solo a detrimento del nostro "serbatoio".

Qual è allora il limite tra l'egoismo e l'attenzione verso se stessi? Quando possiamo dire di no senza sentirci in colpa? Se accediamo alle nostre sensazioni ed emozioni più profonde la risposta arriverà da sola. Ascoltiamo le nostre reazioni fisiche ed emotive alle situazioni. Se la richiesta che ci viene fatta o il comportamento che ci si aspetta da noi ci mette tensione, fatica, ci fa sentire insoddisfatti o richiede di allontanarci dai nostri valori o dalla nostra integrità, allora vuol dire che dobbiamo porre maggiore attenzione verso noi stessi.

Prendiamo il caso di Marina che ho raccontato precedentemente. Marina ama la sua famiglia e se non si sentisse sotto accusa, apprezzerebbe senz'altro le riunioni familiari. Se la situazione conviviale la fa sentire poco apprezzata o giudicata, se le fa venire il malumore e la mette in tensione (sensazioni emotive che, tra l'altro, potrebbero influire negativamente nel caso lei riuscisse finalmente ad avere un possibile incontro sentimentale), Marina ha tutto il diritto di rinegoziare il comportamento dei suoi familiari e, nel caso in cui il comportamento perdurasse, di "chiamarsi fuori" da alcuni degli inviti senza per questo doversi sentire in colpa. Un buon metodo per capire quando dire di no non solo non è egoista ma, anzi, serve a preservare i nostri valori e la nostra integrità, è quello di porci alcune domande.

Ti invito a scegliere un posto tranquillo dove non sarai disturbato per almeno mezz'ora, e a sederti comodamente con la schiena sostenuta (dallo schienale di una sedia o da un muro) e senza accavallare le gambe. Concediti alcuni minuti per rilassare il tuo corpo e acquietare la mente. Se vuoi apprendere dei modi per rilassare il tuo corpo o per entrare in uno stato meditativo, puoi scaricare l'app TMP Meditation (sia su Google Play che su Apple Store e iTunes). Quando ti senti completamente rilassato, prova a porti le seguenti domande. Prenditi tutto il tempo che ti serve a rispondere. Prova ad andare in profondità e non accontentarti della prima risposta che ti viene in mente.

*1. Quali sono le emozioni che provo in risposta alla richiesta che mi è stata fatta (o al comportamento dell'altra persona nei miei confronti)?*

*2. In che modo accettare questa situazione mi provoca (l'emozione che provo)?*

*3. Quale è il diritto che voglio far valere?*

*4. Obiettivamente, quale è il danno più grave che posso arrecare agli altri se dico di no?*

### Come usare questo libro?

*Da quando lavoro come Executive Coach ho imparato a tenere un diario che dedico al mio sviluppo personale e sul quale annoto le mie emozioni, i miei obiettivi, il mio percorso di crescita. Quando scriviamo qualcosa, ce ne assumiamo la responsabilità. Inoltre scrivere ci permette, periodicamente, di valutare se continuiamo ad essere focalizzati sul nostro* percorso, se abbiamo raggiunto i nostri obiettivi o se dobbiamo modificare qualcosa. Nel libro ho inserito molti esercizi, molte riflessioni guidate, alcuni test di autovalutazione. L'ho pensato come uno strumento da utilizzare per seguire un percorso di consapevolezza e di "messa in pratica" dei suggerimenti forniti.

Potete scrivere direttamente sul libro, negli spazi che ho aggiunto per le riflessioni, oppure potete comprare un quaderno ed usarlo come diario.

Il modo più efficace di lavorare a questo programma è quello di condividerlo con un amico o un gruppo di amici che hanno lo stesso vostro desiderio di cambiare in meglio le loro vite ed i rapporti con gli altri. Sottolineo questo punto perché so che scegliendo un partner si possono raggiungere risultati più efficacemente. Quando avete scelto un partner, seguite i seguenti suggerimenti:

a. Create un piano che definisca come vi darete supporto a vicenda. Stabilite degli incontri di persona o al telefono con una cadenza precisa.

b. Discutete del singolo argomento e condividete le vostre riflessioni relative a come si riflette nella vostra vita.

c. Definite ogni volta cosa vi prendete l'impegno di fare e comunicate al vostro partner o gruppo su cosa intendete lavorare, come e in quali tempi.

d. Definite periodicamente degli incontri per condividere i progressi e festeggiare i vostri successi.

Ti suggerisco di lavorare su questo percorso seguendo l'ordine che utilizzo nel libro. Se vuoi condividere con me i tuoi successi o desideri approfondire qualche aspetto, puoi inviarmi una email a *giovanna.dalessio@asterys.com*.

*Buon lavoro!*

# 2. PERCHÉ NON RIUSCIAMO A DIRE DI NO

Un genitore separato non riesce ad essere fermo nei principi educativi che tenta di trasferire a sua figlia. Un manager non riesce ad evitare di essere coinvolto dai pettegolezzi di un collega nei confronti di un altro suo collaboratore. Un neo assunto non riesce ad arginare la mole di lavoro che il suo capo gli richiede ed è costretto ad uscire dall'ufficio sempre oltre le nove di sera. Una consulente di azienda non riesce ad evitare i commenti grossolani di un suo cliente.

Cosa c'è alla base di questa incapacità di pretendere come vogliamo essere trattati, di porre un freno a richieste che riteniamo troppo onerose per noi, di affermare ciò in cui crediamo? Ci sono tantissime ragioni, più o meno evidenti, che ci impediscono la piena espressione dei nostri valori e ci "costringono" a subire o agire secondo le aspettative di altri. Le ragioni più comuni sono la paura, l'eccessivo senso del dovere o di responsabilità e la scarsa autostima. Non è facile eliminare questi meccanismi perché incidono sui nostri più profondi bisogni e schemi culturali. Ma se ne siamo consapevoli, quando uno di questi meccanismi sta per entrare in gioco avremo l'opportunità di trovare delle misure correttive ed agire di conseguenza.

**Paura**

Una delle leve più potenti che agiscono sui nostri comportamenti e sulle decisioni che prendiamo è la paura. Ogni decisione che viene presa è infatti motivata da uno dei seguenti fattori:

a. l'appagamento che potremmo trarre dalla decisione, in termini di piacere, di soddisfazione, di effetto positivo sulla nostra vita;

b. la paura delle conseguenze: paura di essere feriti, di urtare la sensibilità degli altri, di non essere accettati, di perdere il posto di lavoro, di non ottenere la promozione e così via.

Dei due fattori, il secondo è il più comune e il più "forte". Molto spesso la paura delle conseguenze (e quindi anche di trovarsi in un nuovo spazio ignoto, quando non siamo certi di cosa potrebbe accadere), inibisce il raggiungimento dei nostri desideri, per esempio quello di volere un lavoro più appagante oppure quello di orientare la nostra vita in maniera differente da quella che altri (generalmente i genitori) hanno voluto per noi.

Una ventina di anni fa, quando ero dipendente di una azienda nel settore della pubblicità, iniziai a discutere con una mia collega dell'opportunità di cambiare lavoro ed azienda. Eravamo state assunte nello stesso periodo sei anni prima e sentivamo entrambe che le prospettive di carriera erano mutate; si, l'azienda credeva ancora in noi, ma non avevamo più lo stesso incentivo e la stessa prospettiva di qualche anno prima. Abbiamo parlato di questo grande salto per alcuni mesi ed abbiamo iniziato ad inviare curriculum e a contattare cacciatori di teste. Io, dopo meno di un anno ho cambiato lavoro, tipo di azienda e città (ed ho continuato a cambiare ogni volta che ciò che stavo facendo non era più appagante). Lei è rimasta al suo posto, dopo aver negoziato con l'azienda una congrua promozione ed un aumento di stipendio.

La mia collega ha avuto paura di affrontare un

cambiamento del quale non aveva a priori la certezza di successo. Ha avuto paura di rimettersi in discussione e di sottoporsi al giudizio di altri direttori generali, di altri amministratori delegati, di altri colleghi. Ha costruito attorno a sé una zona di comfort per ottenere la quale è stata disposta a pagare il prezzo della rinuncia ad una (potenziale ma non certa) nuova e più appagante carriera.

Non dico che io non ho avuto paura. Ho anzi avuto un terrore devastante e cento volte mi sono chiesta perché non ero rimasta legata alla mia, magari lenta ma certa, crescita professionale nella mia ex-azienda.

Solo gli incoscienti non hanno paura. La paura non è un difetto caratteriale. La paura è una emozione come qualsiasi altra. Ma non è quello che proviamo che ci rende coraggiosi o no: è quello che facciamo nonostante la paura.

Affronto regolarmente il problema della paura con i miei clienti. Recentemente con una dirigente in una società di un gruppo molto famoso, abbiamo discusso della paura che la bloccava in una decisione che doveva prendere.

Alla fine, lei si è resa conto che non doveva lottare contro la paura: *"...ho compreso dove forse è il mio errore: nel cercare di eliminarla, di negarla, di estirparla da me. Invece, come tu dici, la paura è normale. Dunque va accettata e gestita, non rifiutata. Mi sento alleggerita!"*

**Riflessioni: tu e la paura.**

Quali delle tue recenti decisioni sono state influenzate dalle possibili conseguenze invece che dall'idea di raggiungere uno stato di felicità e di appagamento?

_____

_____

_____

Se non avessi avuto paura, come sarebbero cambiate le tue decisioni?

_____

_____

_____

Immaginati tra 10 anni: quali decisioni rimpiangerai di non aver preso perché bloccato dalla paura?

_____

_____

_____

### Paura di essere mal giudicato o giudicato egoista

Questa è una delle trappole più pericolose in cui tendiamo a restare imprigionati, in particolar modo con i familiari, o con la comunità in cui viviamo. In moltissime relazioni non c'è equilibrio tra chi dà e chi riceve. Allora perché si è incapaci di riequilibrare il rapporto semplicemente rifiutando di continuare a dare? Molte persone hanno paura di essere giudicate come cattive o egoiste e pensano che possano essere disapprovate.

_Elena ha una carriera promettente a cui dedica gran parte del suo tempo. Ha un rapporto molto forte con sua madre che però, da alcuni anni, si è bloccato: Elena sembra essere la valvola di sfogo per le frustrazioni della madre. Ad ogni telefonata, ad ogni incontro, Elena non riesce ad evitare le lamentele e i rancori (seppure a volte fondati) della madre verso altri componenti della famiglia. Per Elena la situazione è diventata pesante: ogni volta che telefona alla madre, Elena si chiede chi sarà l'oggetto delle recriminazioni. Quando prova ad accennarle che desidererebbe avere delle conversazioni basate sul piacere di ascoltare le reciproche novità oppure su scambi di opinioni, la madre la accusa di essere poco disponibile, di non voler parlare di altro tranne che di sciocchezze invece di condividere tutti i suoi problemi ed Elena si sente in fondo una cattiva figlia, una egoista._

Ma che dire del comportamento della madre? La sua età

avanzata o il fatto di essere un genitore le da diritto di usare Elena come sfogo? Perché deve negare ad Elena una relazione basata sul rispetto reciproco, sul piacere di stare insieme ed obbligarla invece ad ascoltare solo lamentele e critiche?

Meccanismi molto simili accadono sul lavoro. Può capitare di avere periodi di intenso lavoro per cui è necessario lavorare fino a tarda sera e anche nei weekend, specialmente quando si cerca di far decollare una nuova attività. Poi è augurabile che una volta pianificate le operazioni, ci si possa rilassare e tornare a ritmi lavorativi più umani.

Cosa diversa è se siamo obbligati dal nostro capo a lavorare oltre il dovuto e nei weekend per periodi prolungati. Anche se ci rendiamo conto che le richieste che ci vengono fatte non sono ragionevoli, potremmo esitare a rifiutare il lavoro assegnatoci. Ad esempio perché abbiamo paura di essere considerati poco attaccati al lavoro: in molte aziende ci sono regole non scritte che sembrano voler incoraggiare lo staff a lavorare oltre il normale orario. Probabilmente in queste aziende i manager che accettano il superlavoro hanno più possibilità di ottenere delle promozioni. Chi lavora durante i weekend e normalmente lascia l'ufficio dopo le 20.00 viene in qualche modo premiato. Per non essere considerati ingrati verso l'azienda e per non perdere l'opportunità di fare carriera accettiamo questa regola (anche se lavorare 4 ore in più al giorno non significa necessariamente aumentare la produttività).

### Paura di offendere

Questa è una delle mie favorite! Io detesto partecipare ai matrimoni. Le trovo delle cerimonie senza fine, dove sei obbligato a conversare del più e del meno con persone mai viste prima (e che probabilmente non rivedrai mai più) e devi sottoporti spesso a decine di portate durante il banchetto di nozze. Senza parlare della corsa all'ultimo momento a comprare scarpe più adatte, un nuovo vestito perché quello che avevi intenzione di indossare lo avevi già messo al matrimonio della zia, e non hai mai gli accessori giusti. Spesso la cerimonia del matrimonio (e le critiche al vestito o al trucco della sposa, ai parenti cafoni dello sposo, al cibo e così via) è il principale argomento di conversazione del giorno successivo. Ovviamente non tutti i matrimoni sono così. Ma io preferisco evitare di correre il pericolo e per questo tutti i miei amici sanno già che non è per una questione personale, ma io non parteciperò.

Molte delle persone che conosco segretamente la pensano come me. Quando chiedo loro "Perché vai?" mi sento rispondere: "Non posso non andare! E' la mia migliore amica e si offenderebbe." Oppure "Se non vado, chi la sente Zia Emilia? Lei ci tiene così tanto...". La stessa cosa probabilmente accade agli sposi mentre compilano la lista degli invitati. Non puoi non invitare Tizio o Caio altrimenti si offende. Il testimone DEVE essere Sempronio perché se lo aspetta... La paura di urtare i sentimenti degli altri può essere una trappola incredibile che ci fa accettare situazioni che altrimenti eviteremmo.

### Paura di perdere qualcosa

Questa è la paura di scatenare effetti molto tangibili. Se rischiamo di perdere l'affetto o la stima di qualcuno, di perdere delle opportunità oppure il nostro posto di lavoro, saremo sempre più invischiati nella trappola della paura. In questo caso saremo pronti ad accettare completamente di agire secondo le aspettative di altri, anche se questo mette a dura prova la nostra autostima e il nostro sistema di valori.

Mi capita spesso di ascoltare donne, specialmente quelle sulla quarantina, parlare delle loro relazioni affettive. Alcune di esse (secondo me troppe) pur di non perdere l'affetto del proprio compagno rinunciano ai propri valori e ai propri bisogni. Ma veramente vogliamo l'affetto di chi disconosce i nostri valori? Solo perché probabilmente è difficile trovare la persona giusta dobbiamo sopportare quella sbagliata?

*Michele lavora in un call center. Ha una laurea in psicologia ed ha una preparazione che vorrebbe in qualche modo applicare al suo lavoro – cosa in realtà molto utile all'azienda visto che qualsiasi call center dovrebbe centrare la propria missione sulle relazioni con i clienti... dove meglio applicare le sue capacità? – per rendere più efficiente la struttura e offrire un servizio migliore. Tutti i suoi tentativi di dare un contributo all'azienda sono falliti: gli viene richiesto un lavoro meccanico, totalmente distante dalle sue aspettative. Visto che questo lavoro gli consente di sopravvivere e pagarsi gli studi di specializzazione, Michele si sta adeguando alle richieste del management, anche se sono completamente contrarie ai suoi valori. E' bloccato in questa situazione ma comunque decide di aspettare convincendosi che trovare un altro lavoro sarebbe difficile, che la regione in cui vive non offre molte possibilità e che forse le cose cambieranno.*

Michele sta sperperando gli anni decisivi per la sua carriera nel posto sbagliato. Purtroppo la paura di perdere la sicurezza finanziaria è più forte della prospettiva – rischiosa - di trovare un altro lavoro che non solo possa sopperire alle sue esigenze primarie di sbarcare il lunario ma che gli offra anche l'opportunità di crescere professionalmente e di dare un contributo in un'azienda in cui i valori siano in linea con i suoi.

### Di cosa hai paura?

Identifica le paure che ti costringono a sopportare una situazione o il comportamento di qualcuno o una richiesta che ti è stata fatta e a cui non riesci a dire di no. Prima di poter pensare ad eventuali strategie per ridurre o eliminare le tue paure, devi riuscire a renderti conto di cosa ti blocca.

Hai paura che gli altri ti giudichino? O che ti disprezzino? Hai paura di generare gelosie nella tua famiglia? Hai paura di sentirti abbandonato? Fai una lista delle tue paure cercando di essere il più specifico possibile. Qualsiasi paura tu abbia, inizia ad affrontarla semplicemente riconoscendo la sua influenza nelle tue decisioni.

Di cosa ho paura:

_____

_____

_____

Ora gioca al gioco "E se accadesse?" assumendo che quello che temi diventi realtà. Scrivi cosa accadrebbe, riflettici un po' e poi guarda la cosa da altre angolazioni. Per esempio, mettiamo che tu abbia paura di non ottenere una promozione. Scrivi in dettaglio cosa succederebbe se effettivamente tu non venissi promosso. Come ti sentiresti? Come ti giudicherebbero i tuoi colleghi? Cosa potrebbe accadere dopo? A quali risorse potresti ricorrere? Quali altre alternative potresti considerare? Quali nuove opportunità ti si aprirebbero? Cosa rende questa paura così potente per te?

E se accadesse?

_____

_____

_____

_____

Spesso ci rifiutiamo di guardare apertamente ciò che ci spaventa e questo non fa altro che moltiplicare una serie di conseguenze indefinite che in effetti potremmo gestire se ce le trovassimo di fronte.

### Eccessivo senso del dovere o di responsabilità

Mi è capitato tante volte, nel passato, di passare mesi e mesi a lavorare a ritmi incessanti, macinando progetto dopo progetto, spinta da un eccessivo senso della responsabilità. Mi è capitato ogni volta che sono stata promossa o che ho cambiato lavoro (ma anche in molti altri periodi). Sono arrivata anche al punto di svenire per la strada dopo un mese durante il quale avevo dedicato al lavoro oltre 16 ore al giorno. D'altra parte, mi dicevo, la responsabilità di questo progetto è stata affidata a me e io devo farmi carico dei miei doveri anche se questo ha un costo.

Una mia cliente è stata così investita dalle responsabilità e dai doveri per tutta la sua vita che quando le ho chiesto di ritagliarsi due mezze giornate alla settimana per fare solo cose che a lei facevano piacere, per il primo mese è rimasta bloccata. Ogni volta che arrivava la mezza giornata che aveva pianificato, finiva sempre per fare ciò che "avrebbe dovuto" ma mai quello che "le sarebbe piaciuto".

Per secoli, la nostra cultura e i principi cattolici ci hanno insegnato che ognuno di noi, in ogni ruolo che ricopre nella vita, ha dei doveri e delle responsabilità: la moglie deve servire il marito oppure deve pensare alla gestione della casa (che deve sempre essere pulita ed in ordine), il lavoratore deve essere grato al suo datore per il posto che gli offre, i figli devono accudire i genitori quando questi sono anziani, gli sposi devono fare ogni sforzo per funzionare il loro matrimonio, e così via.

Fortunatamente nel corso degli ultimi venti o trenta anni i doveri hanno assunto una dimensione diversa ed è comunemente accettato il fatto che una coppia si separi se l'amore non c'è più o se ci sono problemi gravi tra i due partner. E' normale che la donna chieda un supporto al marito nella gestione delle commissioni o della casa. E' ormai normale cambiare azienda se il nostro lavoro non è più appagante e stimolante. Il dovere, quindi, ha sfumato i suoi contorni ed i suoi confini sono molto più elastici di un tempo.

Ci sono molte persone però che non riescono a porre un limite al loro senso del dovere, incapaci di comprendere che la prima responsabilità che abbiamo è verso noi stessi. Non intendo dire che dobbiamo agire solo in base a ciò che ci piace. Ma quando agire spinti da un senso eccessivo del dovere è dannoso per noi stessi, dobbiamo riuscire a prendere le distanze, analizzare la situazione e valutare se dobbiamo fermarci oppure no.

## Il tuo senso del dovere è eccessivo?

Prova a fare il test di seguito. Assegna ad ogni affermazione un punteggio da 1 a 5 (1= non sono assolutamente d'accordo, 2= non sono d'accordo, 3= sono moderatamente d'accordo, 4= sono d'accordo, 5= sono assolutamente d'accordo).

__ Quando devo finire un progetto che mi è stato affidato non mi faccio distrarre da nessuno, nemmeno dalla mia famiglia.

__ Anche se mantenere una promessa significa non rispettare la mia integrità personale, vado comunque fino in fondo. Io mantengo sempre la mia parola.

__ Se ho accettato di andare ad una cena a cui sono stata caldamente invitata dalla mia migliore amica e mi scoppia un terribile mal di testa vado lo stesso. Lei sa che quando prendo un impegno lo rispetto.

__ Devo accompagnare mia madre dal dottore, ma proprio quel giorno avrei l'opportunità di partecipare ad un evento a cui tengo. Anche se potrei chiedere a qualche altro familiare di sostituirmi nelle cure a mia madre, rinuncio al mio evento.

__ Se una persona che in passato mi ha fatto un grande favore mi chiede di aiutarlo in un suo progetto io accetto anche se proprio quella sera è l'anniversario del mio matrimonio e sarei voluto/a uscire con mia moglie/mio marito.

__ Una parente verrà nella mia città per qualche giorno e mi ha chiesto di poterla ospitare. So che questo creerà forti contrasti con il mio compagno/la mia compagna, ma non posso esimermi.

__ Ho fissato un appuntamento con il cliente più importante

della mia azienda per discutere un ordine di grossa entità. Prima di uscire per recarmi dal cliente mi ha chiamato mio figlio ricordandomi che proprio nell'orario del meeting lui farà la sua prima recita scolastica. Purtroppo non potrò andare: non me la sento di spostare l'appuntamento.

\_ Ho promesso al mio capo un report sulla situazione del progetto X entro domani ma oggi lui mi ha chiesto di lavorare su altre emergenze. Per finirlo dovrò fare nottata ma d'altra parte devo farlo. Dirò a mia moglie/mio marito di non aspettarmi per cena.

\_ Ho sempre pensato che in caso di difficoltà avrei dovuto aiutare il mio migliore amico. Solo che mi ha chiesto di prestargli una somma di denaro che non ho disponibile. Dovrò chiedere un prestito.

\_ Ho un debito di riconoscenza con mio collega. Ora mi ha chiesto di mentire al mio capo per coprire un errore che ha fatto. Anche se è contro i miei principi non posso negargli il mio aiuto.

Ora somma il tuo punteggio.

Se hai totalizzato tra 10 e 15 punti sei sulla strada giusta, non permetti al tuo senso del dovere di avere il controllo sulla tua vita. Continua così.

Se hai totalizzato tra 16 e 35 punti, hai bisogno di porre più attenzione a te stesso, ai tuoi valori e rispettare la tua integrità. A volte, anche se il prezzo per te è alto, non riesci a dire di no e a cercare soluzioni alternative che preservino la tua persona e quello che desideri veramente.

Se hai totalizzato tra 36 e 50 punti allora potresti essere in una situazione molto difficile. Se non inizi a dire di no la tua vita sarà così influenzata dai doveri e dalle responsabilità che le tue esigenze e i tuoi desideri saranno sempre in secondo piano.

### La scarsa autostima

Quando non abbiamo una sufficiente autostima siamo facilmente oggetto di richieste e di trappole psicologiche che ci impediscono di dire di no.

Non entreremo nei meandri dell'origine dell'autostima e dei possibili rimedi alla sua mancanza in quanto non è questo lo scopo del libro. Vorrei solo soffermarmi su alcuni esempi della scarsa autostima come ostacolo all'espressione dei propri desideri e come generatore di troppi "sì". Alcuni esercizi alla fine del paragrafo poi, anche se non possono da soli essere il rimedio alla scarsa autostima, possono comunque farci riflettere ed agire in modo positivo.

Quando abbiamo una scarsa autostima siamo facilmente suggestionabili. Il nostro giudizio su come dovremmo comportarci, su ciò che è giusto o sbagliato, su cosa ci piace o meno non è più collegato a quello di cui siamo intimamente convinti, ma ai pareri ed alle opinioni di chi ci sta intorno (genitori, famiglia, coniuge, amici o colleghi).

Se proviamo ad essere più centrati su noi stessi allora ci sentiamo egoisti o egocentrici. Siamo anche condizionati dalla moda, dalla pubblicità e dai modelli esterni "vincenti" (grandi imprenditori, politici, professori, attori, ecc.).

Ad una mia cliente è capitato, per oltre un anno, di lavorare con un capo che ha in vari modi attentato alla sua autostima: è stata criticata, controllata, punita ingiustamente, umiliata finché lei non ha ceduto. Ha iniziato a credere che se subiva tanti rimproveri forse non faceva più bene il suo lavoro. Quando il suo capo ha iniziato a farle delle richieste eccessive (scrivere un report che poi avrebbe firmato lui prendendosene i meriti, rimanere fino a tarda serata ad aspettare dei fax per poterne fare una sintesi da fargli trovare sul tavolo la mattina successiva, essere obbligata ad ottenere il suo benestare anche per le decisioni di routine, eccetera) lei non ha saputo reagire e riaffermare la sua professionalità.

I casi più comuni però sono all'interno delle famiglie, in

particolare nei rapporti tra genitori e figli e tra marito e moglie.

*Anna (35 anni) è sposata da 5 anni con Angelo (36 anni). Lui è un manager, lei ha deciso di non lavorare. Non hanno problemi economici, visto che lui ha uno stipendio ottimo. Angelo ha iniziato già dai primi tempi che si frequentavano ad uscire spesso per occasioni di lavoro e per fare networking al circolo sportivo di cui è socio. Anna non è stata mai invitata perché lui dice che sono occasioni dove si parla di affari e lei si annoierebbe. Decide lui cosa acquistare per la casa e decide quanti soldi lei può spendere per la spesa settimanale. Spesso durante le loro discussioni lui le dice "tanto non capisci niente". Anna raramente è capace di reagire e pretendere di essere trattata con maggior rispetto oppure di essere invitata quando lui esce. Anna crede che Angelo sia più importante di lei e che lei in fondo non abbia diritto di chiedere un rapporto paritario.*

Quando la nostra autostima non è forte, siamo anche preda di manipolatori. Con la definizione "manipolatori" non intendo soltanto i guru oppure le sette religiose. Tante persone attorno a noi possono manipolarci, sapendo come influenzarci, specialmente quando pensiamo di trovarci in una posizione di inferiorità o dipendenza psicologica. Maestri, anche se spesso in maniera non deliberata o cosciente, nell'arte di attentare alla nostra autostima per spingerci a fare ciò che non vorremmo sono generalmente i genitori e i nostri partner (e, in qualche caso, i capi).

A quante persone è capitato di sentirsi dire frasi come queste: "Sei sicura di volerti iscrivere alla facoltà di Economia e Commercio? Non sei mai stata brava con i conti... Credo che sarebbe meglio se tu ti iscrivessi a Giurisprudenza, visto che tuo padre che è avvocato può anche aiutarti..."; "Vorresti che ti affidassimo clienti internazionali? Ma il tuo inglese non è sufficientemente  buono. Vuoi rischiare di fare una brutta figura e giocarti la carriera? E' molto meglio se continui a gestire i clienti italiani"; "La minigonna ti sta benino. Certo, se non avessi quei 4 o 5 chili di troppo starebbe meglio. Ma se ti piace la minigonna, mettila pure". Alla fine ci convinciamo che forse è vero... dovremmo iscriverci a Giurisprudenza oppure continuare a gestire clienti italiani oppure ancora metterci i pantaloni.

Il fatto è che queste persone hanno verso di noi delle specifiche aspettative e degli obiettivi. Se i nostri comportamenti si discostano dall'idea che si sono fatti di ciò che è bene per noi o dal ruolo con il quale ci identificano, tenderanno a influenzarci per farci rientrare nella casella a noi destinata nel loro schema.

L'influenza che essi esercitano su di noi può nascere a livello cosciente o a livello subconscio, ma l'effetto è sempre lo stesso: alla fine, se la nostra autostima non è abbastanza forte, accettiamo di conformarci alle aspettative degli altri perdendo il controllo di ciò che veramente vogliamo nella vita.

La capacità di dire di no dipende in larga parte dalla nostra concezione di noi stessi, cioè dall'immagine mentale che abbiamo costruito dei nostri punti di forza e debolezza, della nostra personalità. Questa concezione influenzerà le nostre speranze, aspirazioni, stati d'animo e azioni. Sarà alla nostra concezione di noi stessi che ricorreremo per predire se riusciremo in un dato compito o no. Noi costruiamo la concezione di noi stessi principalmente attraverso due fonti: quello che la gente ci dice di noi e quello che osserviamo accadere come conseguenza dei nostri comportamenti.

Mentre noi cresciamo i nostri genitori, gli insegnanti e gli altri adulti iniziano ad insegnarci i valori, le norme ed le regole di condotta. Queste norme ci indicano quali sono i comportamenti appropriati. Ad esempio riposare alla fine di una giornata di lavoro è bene ed è qualcosa che chi lavora merita. Dormire tutto il giorno è segno di pigrizia.

Non parliamo poi delle norme che la televisione ci impone

riguardo ai comportamenti che ci si aspetta tra ragazzi e ragazze, tra genitori e figli, tra bambini e adulti, eccetera.

Nella società in cui viviamo tendiamo ad essere giudicati a seconda di come noi ci uniformiamo alle norme più rilevanti. Gli adulti fanno continuamente delle comparazioni tra bambini su tutti gli aspetti dei loro comportamenti e delle loro qualità: la loro intelligenza, la loro bellezza, le loro maniere, la loro estroversione, la loro timidezza, e via dicendo.

Come adulti continuiamo ad essere oggetto di comparazioni, non solo fatte da altri, ma fatte anche da noi stessi come sistema di autovalutazione. Queste comparazioni sono utili perché si agganciano al sistema di premiazione e punizione della nostra cultura. Le persone che sono nello standard o lo superano vengono premiate, vengono promosse e ammirate. Le persone che si discostano o operano al di sotto dello standard sono disapprovate e sono oggetto di penalità o punizioni. Di conseguenza diventiamo ansiosi quando siamo valutati per paura di un possibile fallimento.

La concezione di se stessi è generalmente correlata a descrizioni e ad immagini (di successo o di insuccesso) di cui abbiamo avuto esperienza. La nostra autovalutazione è importante perché influenza molte aree del nostro comportamento, definendo i limiti di ciò che possiamo raggiungere. Ricordo che nonostante i numerosi anni in cui ho praticato lo sci o il tennis, ho accuratamente evitato di partecipare a gare perché il concetto di me stessa in questi due sport era talmente basso che ero convinta di non potercela fare e questo mi ha portato a rimanere una giocatrice di tennis e una sciatrice mediocre.

La maggior parte di noi ha un giudizio negativo di se stesso. Ci vengono alla mente critiche che continuiamo a ripeterci all'infinito finché non ci convinciamo di essere troppo grassi, stupidi, timidi, sottomessi, infantili, incapaci, e così via.

Un problema ulteriore è che spesso l'immagine negativa che abbiamo costruito di noi stessi viene comunicata senza volerlo anche alle persone che conosciamo appena, prima che esse abbiano il tempo di formare una opinione indipendente su di noi.

Le frasi ed immagini negative che formuliamo ci inibiscono nello sviluppo di un alta concezione di noi stessi e concentrandoci su una valutazione negativa perdiamo delle opportunità per la nostra crescita e il raggiungimento delle soddisfazioni. Se continuiamo a fare profezie negative riguardo i nostri fallimenti, probabilmente queste profezie si avvereranno.

### Valuta le tue relazioni

La nostra concezione di noi stessi può emergere quando facciamo una comparazione con le persone con le quali ci relazioniamo nella vita. Quali persone ritieni importanti nella tua vita? Quali ritieni meno importanti? Come determini il tuo "potere" in relazione all'altra persona in ogni relazione?

Il seguente esercizio, liberamente tratto dall'esercizio "You" di Kathy Hoguenin, ci offre una opportunità per fare delle esplorazioni, per riflettere e per provare a chiarire le posizioni relative di potere ed importanza che ognuno di noi esercita in ogni relazione significativa, con il proprio partner, i parenti, gli amici, i colleghi di lavoro.

Le domande sono abbastanza generiche perché l'importanza deve essere data a come noi ci "vediamo" o ci consideriamo nelle relazioni. Non ci sono risposte corrette o sbagliate: dobbiamo semplicemente descrivere come vediamo noi stessi in relazione alle persone con cui interagiamo. Molte persone lo trovano un esercizio assai interessante.

Il primo compito è quello di definire cosa intendi con i seguenti termini:

Se credi che una persona abbia una importanza uguale alla tua, come definisci "importanza uguale"? Se credi che una persona abbia una importanza di gran lunga superiore alla tua, come definisci "importanza di gran lunga superiore"? Se pensi che una persona abbia meno importanza di te, come definisci "meno importanza"?

_____

_____

Se qualcuno ha uno status uguale al tuo, cosa intendi per "status uguale"? Se pensi che qualcuno, rispetto a te, abbia una posizione dominante nella vostra relazione, cosa significa "posizione dominante"? Se qualcuno, rispetto a te, sia in una posizione di subordinazione nella vostra relazione, cosa significa "posizione di subordinazione"?

_____

_____

Cosa rende "stretta" una relazione con un'altra persona?

_____

_____

Ora, tenendo a mente le tue definizioni, nello schema alla pagina seguente:
- disegna dei cerchi per ognuna delle relazioni con le persone significative nella tua vita: madre, padre, fratello, sorella, collega, impiegato, amico, figli, eccetera, e dai loro un nome;
- definisci grandezza, posizione e distanza di ogni cerchio rispetto al cerchio che rappresenta "te" per mostrare come vedi te stesso in relazione tali relazioni.

Osserva le regole seguenti prima di disegnare i tuoi cerchi:
Dimensione del cerchio rispetto al tuo
Più grande = consideri la persona più importante di te.
Più piccolo = consideri la persona meno importante di te.

Uguale = Consideri la persona di uguale importanza rispetto a te.

Posizione del cerchio rispetto al tuo
Sopra = consideri la persona in una posizione dominante rispetto a te.
Sotto = consideri la persona in una posizione subordinata rispetto a te.
Stesso piano = Consideri la persona in una posizione paritaria rispetto a te.

Distanza dal tuo cerchio dal tuo
Molto distante = consideri la relazione come distante (quindi non stretta o intima ma non necessariamente conflittuale)
Vicino = Consideri la relazione amichevole.
Sovrapposto = consideri la relazione calda, stretta e intima.

## Analisi delle relazioni con gli altri

Disegna le tue relazioni disegnando i tuoi cerchi in questa pagina.

TU

Ora torna ai cerchi relativi alle relazioni che hai appena tracciato ed elaborali seguendo le seguenti istruzioni:

Per le persone verso le quali reagisci generalmente in maniera passiva, riempi i circoli con questo disegno a spirale:

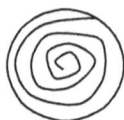

Per le persone verso le quali reagisci generalmente in maniera aggressiva, riempi i circoli con una croce tipo la seguente:

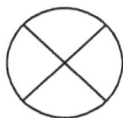

Per le persone verso le quali reagisci generalmente in maniera assertiva riempi i cerchi con questo motivo floreale:

Ci sono delle persone verso le quali reagisci in più di un modo, ad esempio sia in maniera passiva che in maniera aggressiva? Riempi il cerchio usando entrambi in simboli come nel disegno di seguito:

Quali altre combinazioni di comportamento riesci ad osservare quando interagisci con qualcuno? Le figure seguenti suggeriscono una combinazione di modi di interazione:

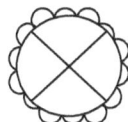

Ritorna alla tua costellazione di cerchi e riempi ogni cerchio con qualsiasi mix di modi di interazione emerga quando sei assieme ad ogni determinata persona.

Alla fine, guarda la costellazione di cerchi che rappresentano le tue relazioni attuali e rispondi alle seguenti domande:

Hai tracciato i circoli relativi a queste persone in maniera corretta e che rifletta la descrizione? Con chi senti di avere un eguale equilibrio di potere sociale? Con chi sei in grado di risolvere problemi con la soddisfazione di entrambi? Assieme a chi non ti senti sminuito? Con chi senti che esiste una fiducia e ammirazione reciproca e il rapporto è di dare e avere?

Quali sono i comportamenti che ti aiutano a raggiungere una sensazione di equilibrio con queste persone?

Il nostro comportamento con gli altri cambia col passare del tempo. Se tu avessi disegnato questa costellazione di cerchi sei mesi fa, sarebbe stata la stessa? Se no, credi che i cambiamenti siano semplicemente accaduti o sei stato tu (o l'altra persona) a farli accadere?

Quali cerchi vorresti che cambiassero dimensione? Posizione? Distanza? Quale sarebbe la rappresentazione ideale dei cerchi? Disegnala nella pagina di seguito

Questa è quella che vorrei avere come "perfetta costellazione" delle mie relazioni (disegna le persone che ti sono intorno nella loro dimensione, posizione e distanza ideale).

Hai così brevemente esaminato come ti vedi nelle tue attuali relazioni sociali e hai considerato le relazioni ideali che vorresti avere. .

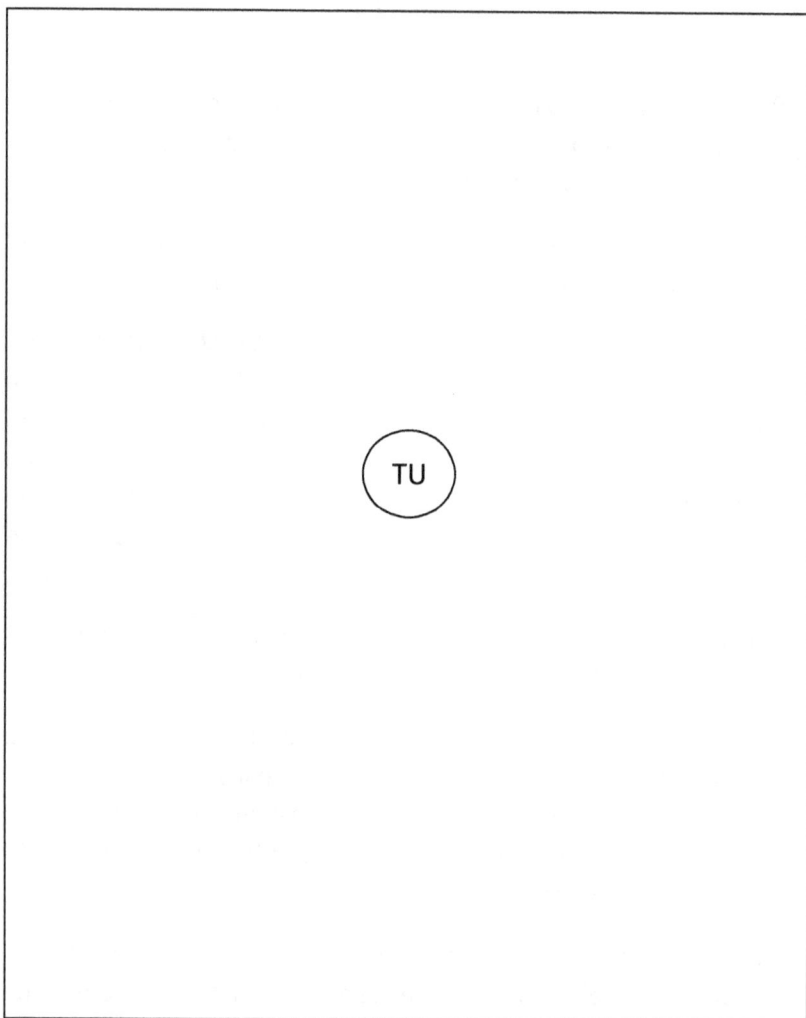

## *Migliorare il concetto di se stessi*

Se guardiamo le persone dotate di una forte autostima, noteremo che il comune denominatore è costituito dal concetto positivo che ognuno di loro ha nei confronti di se stesso. La maggior parte di noi, al contrario, ha un concetto mediocre, se non negativo. Le immagini che formiamo nella nostra mente e i discorsi interiori che rivolgiamo a noi stessi incidono in maniera decisa sulla nostra autostima.

### *I pensieri negativi*

I pensieri hanno un fortissimo impatto sulla nostra autostima, sulla nostra energia e sulla nostra capacità di agire. Una volta ero nella mia casa sul lago assieme ai miei genitori. Avevo circa 17 anni. Ero nel mio letto e ad un tratto il vento ha iniziato a soffiare molto forte. Le persiane, anche se chiuse, hanno iniziato a sbattere forte e l'ululato del vento sembrava un grido sconnesso di un pazzo. Ho iniziato a pensare a cosa sarebbe successo se ci fosse stata una tromba d'aria, se per caso la finestra si fosse divelta. Poi ho iniziato a sentire come se dei piccoli animali mi camminassero sulle gambe e mi sono ricordata di un film dell'orrore che avevo visto pochi giorni prima dove degli insetti invadevano una intera città. Mi è venuta la pelle d'oca e sebbene avessi deciso di accendere l'abat-jour che avevo sul comodino, ero completamente paralizzata. Tutti i pensieri negativi che avevo avuto stavano inviando un messaggio di pericolo al mio cervello e il mio corpo stava reagendo. Non ero in pericolo, il vento era forte ma non abbastanza da creare danni alle strutture, non c'erano animali nella stanza e neanche ladri o stupratori nelle vicinanze. Eppure, tutto il mio corpo e i miei sensi erano all'erta e non riuscivo più ad agire.

I nostri pensieri "programmano" il nostro corpo e le nostre reazioni agli stimoli. I pensieri, inoltre, sono la forma più frequente del dialogo che abbiamo con noi stessi. Mentre con un amico o un parente dialoghiamo qualche minuto o anche un'ora o due, con noi stessi il dialogo è costante, 24 ore su 24. Quando dialoghiamo con noi stessi è come se ci programmassimo. E quando il dialogo interno è negativo è come se ci ponessimo davanti degli ostacoli senza che ci siano realmente. Vi è mai capitato di avere un flusso di pensieri come il seguente?

*Con Andrea eravamo rimasti d'accordo che ci saremmo sentiti in settimana. Lui però non ha ancora chiamato. Sicuramente è impegnato nel lavoro. Forse vuole farmi capire che io non sono così importante e sta aspettando per vedere se chiamo io. In effetti se non lo chiamo potrebbe pensare che sono snob. Mi andrebbe di chiamare però se lo faccio lui crederà che io sono una persona pressante. E poi che succederebbe se ci fosse la segreteria telefonica? Potrei lasciare un messaggio ma se nonostante ciò lui non dovesse richiamarmi io penserei che mi sta evitando. E poi non avrei più il coraggio di chiamare ancora. Però magari mi chiama. In fondo quando ci siamo visti la settimana scorsa mi sembrava che a lui facesse piacere frequentarmi. Ma se poi mi telefona solo per una forma di cortesia? Potrei proporgli di andare alla festa dei nostri amici a Firenze durante il weekend. Mi piacerebbe moltissimo! Ma è pericoloso, però, perché potrebbe pensare che io abbia organizzato tutto questo perché così dovremmo cercare una camera in albergo e naturalmente crederà che io voglia dormire assieme a lui. Potrei subito avvisarlo che vorrei prendere due camere separate, ma Andrea potrebbe pensare che sono un po'bigotta a farmi questi problemi, oppure potrebbe sospettare che lo stia facendo apposta per farmi convincere a prendere una camera doppia.*

Potrei continuare ad andare avanti per ore. Ricordo innumerevoli occasioni in cui mie care amiche sono state capaci di ricamare possibili scenari pretendendo che io aggiungessi al romanzo che si erano fatte le possibilità remote a cui non avevano ancora pensato. Risultato? Nella migliore delle ipotesi l'impasse. Alla fine non decidevano niente perché erano terrorizzate da ciò che sarebbe potuto succedere.

I casi più eclatanti che dimostrano il potere dei pensieri negativi sono relativi al giudizio che a volte diamo di noi stessi. Almeno una volta è capitato a tutti di pensare "Non riesco a concludere nulla, sono veramente un incapace", "Non riuscirò mai a conquistarmi l'ammirazione del mio staff", "Sono troppo timido e le donne si approfittano di me", "Sono un debole: mi ero ripromesso di smettere di fumare ma non ce la faccio, non ce la farò mai" e via dicendo.

Lavoro spesso con i miei clienti nell'area dell'autostima. Quando mi dicono che non sono capaci a fare qualcosa o che non sono abbastanza preparati o magari non hanno più l'età per trovare un nuovo lavoro, una cosa che chiedo sempre è quella di darmi degli esempi concreti di quanto affermano. Chiedo loro l'ultima volta che un cliente, il capo, il proprio compagno gli ha fatto un commento negativo o quale è stato l'ultimo progetto che hanno fatto fallire. O altre domande del genere. Nessuno in genere riesce a rispondere. La loro visione negativa deriva solo dalla propria convinzione e non da prove concrete. Spesso basta prendere consapevolezza che la nostra incapacità prende forma solo nella nostra mente per riuscire a cambiare atteggiamento verso noi stessi.

I pensieri negativi ci indeboliscono sempre ed è molto importante renderci conto di quando questo dialogo interno negativo sta iniziando per poterlo fermare. Non è semplice ed è necessaria molta pratica e pazienza. Un po' come quando si inizia ad andare in palestra o si pratica uno sport. Finché l'attività è regolare, vediamo i muscoli tonificarsi, il fisico rispondere sempre meglio alle sollecitazioni e agli sforzi. Se poi smettiamo di fare sport, i muscoli si afflosciano di nuovo. Non ho mai conosciuto nessuno capace di "pensare positivo" sempre ed in ogni occasione. Ogni volta che sentiamo affiorare i pensieri negativi dobbiamo "allenare" il cervello inserendo pensieri positivi.

I flussi di pensieri negativi ci bloccano in moltissime circostanze, in particolare quando vorremmo dire di no. Iniziamo un dialogo interno e ci convinciamo che se diremo di no certamente ci saranno delle conseguenze negative. La mamma ci rimarrà male, il capo penserà che non sono pronta ad assumere quel ruolo di responsabilità che mi ha proposto, la mia amica cercherà di convincermi e mi terrà un'ora al telefono. La gran parte delle volte, tutte le supposizioni che facciamo riguardo la possibile reazione negativa degli altri si rivela completamente falsa. Una volta che diciamo apertamente e sinceramente quello che vogliamo o che non vogliamo e perché, è molto probabile che le persone attorno a noi capiscano e cerchino di aiutarci. Come esprimere ciò che vogliamo o non vogliamo verrà affrontato ancora nel prossimo capitolo. Ora concentriamoci su come cambiare la concezione di noi stessi.

Per fare in modo che il concetto di sé possa incrementare si possono utilizzare due tattiche: aumentare il numero di volte che ci diciamo delle cose positive e diminuire il numero delle volte che ci diciamo cose negative.

### Amplificare quello che c'è di buono in noi

Prima di tutto focalizziamoci su ciò che di buono c'è in noi. Pensaci un momento e poi scrivi 5 tuoi attributi positivi (pensieri positivi riguardo il tuo aspetto, la tua intelligenza, alcune tue capacità personali o altro). I pensieri positivi devono essere concreti, per esempio "ho degli occhi molto belli", "riesco sempre a fare sentire a proprio agio le persone intorno a me", "Sono un giocatore di ping-pong eccellente", eccetera.

Le cose buone di me:

1) _____

2) _____

3) _____

4) _____

5) _____

Ora pensa a ciò che di buono hai realizzato nella vita, i tuoi 5 successi più importanti. Anche in questo caso devi essere specifico, ad esempio "Mi sono laureata un anno in anticipo", "Ho tirato su due bambini meravigliosi", "Ho completato con estremo successo il progetto X".
Le cose che sono riuscito a realizzare:

1) _____

2) _____

3) _____

4) _____

5) _____

Ora l'esercizio da fare è incrementare, di settimana in settimana, il numero delle volte che farai tornare alla mente questi 10 pensieri positivi. Magari associa il pensiero di questi risultati positivi a qualche attività che ti piace fare, ad esempio mangiare, fare la doccia, curare le piante, andare in bicicletta, ecc. Ogni volta, prima di iniziare l'attività, ricordati di far tornare alla mente una delle cose buone che hai identificato.

Un altro sistema che può supportarti ad incrementare il tuo numero di pensieri positivi è quello di scrivere uno dei tuoi traguardi o una delle cose positive su di te su un piccolo memo adesivo (tipo i Post-it), farne 5 copie ed incollarle sul tuo comodino, sul tuo specchio del bagno, all'interno del cassetto della tua scrivania, vicino al volante dell'auto. Insomma dovunque ti costringa a vederlo più volte durante la giornata.

Ogni settimana, prova a contare tutte le volte che riesci a ripeterti un pensiero positivo e poniti come obiettivo della settimana seguente di aumentarne la frequenza almeno del 50%, Un mio cliente, una volta, ha contato oltre 400 pensieri positivi in una sola settimana.

### Diminuire i pensieri negativi

Mentre finora abbiamo lavorato per aumentare i pensieri positivi, ora ci concentreremo sulla diminuzione di quelli negativi. Prendi un foglio di carta e dividilo in due colonne oppure usa lo spazio nella pagina successiva. Dobbiamo iniziare a scrivere quali sono i pensieri negativi su noi stessi che ci vengono alla mente in modo più frequente e elencarli nella colonna di sinistra. Successivamente proviamo a ribaltare questi pensieri negativi in pensieri positivi, esprimendo esattamente il contrario di quello che significano. Al posto di dire "Sono troppo distratta" diciamo "Io sono attenta ed in controllo" oppure "Io sarò attenta ed in controllo" o anche "Io posso essere attenta ed in controllo". Lo scopo è quello di trovare una espressione motivante e positiva che sia in grado di aumentare la nostra autostima. Ora inseriamo il ribaltamento dei pensieri negativi nella colonna di destra.

Esempio di ribaltamento dei pensieri negativi:

| Colonna 1 | Colonna 2 |
|---|---|
| Io sono troppo debole | Io posso essere forte |
| Io sono superficiale | Io posso essere profondo |
| Io non riesco ad impormi | Io posso impormi |
| Io non valgo niente | Io valgo moltissimo |

Ora è il tuo turno:

| Colonna 1 | Colonna 2 |
|---|---|
| _____ | _____ |
| _____ | _____ |
| _____ | _____ |
| _____ | _____ |
| _____ | _____ |

Ora, ogni volta che ci viene in mente un pensiero riguardo

noi stessi che ci demotiva e ci abbassa l'autostima, cambiamolo immediatamente con uno positivo che sia l'esatto contrario. L'esercizio funziona ancora meglio se associamo al pensiero positivo un piccolo premio: ogni volta che riesci a sostituire un pensiero negativo con uno positivo premiati con qualcosa che ti fa piacere (una bibita fresca, un cioccolatino, un regalo, una piccola attenzione).

A forza di ripeterci frasi positive tenderemo a esserne convinti, così come in precedenza ci siamo convinti del contrario.

GIOVANNA D'ALESSIO

# 3. COSA È UTILE SAPERE QUANDO CI PREPARIAMO A DIRE DI NO

**Regola numero 1: La responsabilità è nostra.**

Siamo delle vittime o siamo responsabili della nostra vita? Molti credono che ottenere un lavoro ed essere finanziariamente indipendenti sia il nocciolo della responsabilità che abbiamo. Ma la nostra responsabilità va ben oltre quella di soddisfare i bisogni di base della nostra vita. Noi siamo responsabili di tutto quello che accade intorno a noi. Con questo non voglio dire che "abbiamo la colpa" di ciò che ci succede. Chi ha "la colpa" ha volontariamente commesso od omesso qualcosa con l'intento di provocare certi effetti.

Intendo invece dire che qualsiasi cosa ci accade nella vita noi possiamo scegliere come rispondere e come agire. Attraverso le nostre reazioni, siamo la causa delle nostre esperienze. Noi siamo i titolari della nostra vita e noi, attraverso le scelte che facciamo (e abbiamo sempre una scelta), ne condizioniamo i risultati. Se non ci piace il lavoro che facciamo, noi siamo responsabili. Se il nostro matrimonio non funziona, noi siamo responsabili. Se i nostri amici non sono costruttivi con noi, noi siamo responsabili. Se non siamo felici, noi siamo responsabili. Quando non accettiamo questa responsabilità e cerchiamo di delegarla a qualcun altro o a qualcosa esterno a noi (ad esempio il fato, la sfortuna, eccetera) giochiamo ad essere delle vittime.

*Quando ho iniziato a lavorare con Marco, socio di maggioranza di un'azienda legale, il focus delle sue preoccupazioni era la scarsa produttività e lo scarso attaccamento al lavoro di alcuni dei suoi soci e dirigenti. Mi diceva: "anche se alcuni manager sono stati coinvolti nell'azienda come soci, quindi partecipano alla divisione degli utili, non lavorano abbastanza, non apportano nessun reale valore all'azienda, sono poco creativi e aspettano sempre che io trovi una soluzione. Alcuni smettono di lavorare alle 6 esatte perché per loro la famiglia è la cosa più importante. Devono cambiare atteggiamento, altrimenti l'unica soluzione è sostituirli". Marco imponeva come metro di valutazione dell'attaccamento all'azienda l'orario prolungato ("io rimango fino alle 9 della sera, loro invece staccano alle 6 qualsiasi cosa accada"), disconosceva tutti i bisogni e i valori dei suoi collaboratori a meno che non si rispecchiassero nella produttività aziendale, accusava gli altri senza chiedersi in che modo lui stesso poteva aver generato i comportamenti deludenti del suo staff. Lui era convinto di non avere nessun problema o responsabilità, erano gli altri che non davano il massimo.*

Marco crede che i comportamenti cambieranno solo inserendo dei meccanismi di premio/punizione oppure licenziando le persone che non si adeguano a quanto l'azienda richiede. Se invece si chiedesse: "In che modo sto contribuendo a generare questi comportamenti? Cosa potrei fare, che al momento non faccio, per aiutare i miei soci e i miei collaboratori a trovare soddisfazione e appagamento dal lavoro e dal ruolo che hanno? In che modo sto bloccando la loro creatività e la loro produttività? In che modo potrei farli sentire più parte integrante dell'azienda?". Ma il suo rifiuto ad assumersi la responsabilità non permetterà all'azienda di prosperare. Qualsiasi soluzione Marco troverà sarà solo temporanea: gli stessi problemi torneranno a tenerlo sveglio la notte nel medio termine.

Quando assumiamo il ruolo della vittima, non facciamo altro che delegare il nostro potere a qualcun altro o a qualche altra "cosa" (il destino, la vita, ecc.). E generalmente rimaniamo in una posizione di stallo. La verità è che qualunque cosa succeda, siamo sempre in una posizione di controllo. Noi contribuiamo a creare le situazioni in cui ci troviamo e noi creiamo le emozioni che scaturiscono da queste situazioni. Il concetto che voglio sottolineare qui è che non siamo mai delle vittime. E se accettiamo questa verità, significa che accettiamo il nostro ruolo nei nostri problemi, che accettiamo di poter cambiare la situazione e quindi che comprendiamo che la soluzione dipende da noi. Se invece di reagire a ciò che ci accade chiedendoci "Perché mi stanno facendo questo?" iniziassimo a pensare: "Cosa sto facendo a me stesso? In che modo posso cambiare le mie reazioni, i miei comportamenti per ottenere un risultato diverso?" allora significherebbe che stiamo prendendo in mano le redini della nostra vita e che ci rendiamo conto di avere il potere di scelta.

Se crediamo che la responsabilità è la nostra e che possiamo controllare l'output di ogni situazione, allora dobbiamo porci domande come le seguenti:

*Quale situazione non mi piace nella mia vita?*
*In che modo ho contribuito a creare e alimentare questa situazione?*
*Non sono stato chiaro nell'affermare cosa avrei voluto?*
*Ho soprasseduto su comportamenti altrui che mi ferivano senza comunicarlo?*
*Ho scelto la persona sbagliata o il momento sbagliato?*
*Ho fallito nel valutare una situazione?*
*Ho smesso di seguire il mio intuito?*

*Quali scelte ho fatto che mi hanno portato questo risultato non desiderato?*

*Mi sono fidato troppo ciecamente? Sono stato troppo sulla difensiva?*

*Quali possibilità di scelta ho a questo punto per cambiare la situazione?*

*Devo cambiare i miei comportamenti?*

*Devo smettere di seguire vecchie abitudini?*

E via dicendo. Se iniziamo a porci queste domande (e quindi ad ammettere di avere un ruolo in ciò che accade e in ciò che potrebbe accadere) siamo sulla buona strada per scegliere se subire o agire.

*Alessia (28 anni) è una manager in una società di consulenza. Mi dice che da qualche tempo il suo capo si rifiuta di confrontarsi con lei. Evita di parlarle per poi rimproverarle le decisioni che lei ha preso. Il fatto di essere evitata significa per lei anche perdere la stima dei suoi sottoposti che finiranno per convincersi che lei non è in grado di rappresentarli sufficientemente con il capo. Alessia è convinta che lui abbia qualcosa contro di lei e che stia cercando di metterla in difficoltà di proposito. Si sente intrappolata perché ritiene che non c'è nulla che lei possa fare se lui si è messo in testa di renderle la vita difficile. Durante le nostre conversazioni le ho fatto una serie di domande come:*

- *Conosci gli obiettivi del tuo capo?*
- *Fornisci al tuo capo ciò di cui ha bisogno per raggiungere tali obiettivi?*
- *Conosci i punti di forza e di debolezza del tuo capo in modo da costruire sui suoi punti di forza e compensare i punti di debolezza?*
- *Dimostri apprezzamento al tuo capo quando è appropriato?*
- *Lo aiuti ad apparire in gamba agli occhi degli altri?*
- *In quale modo lo stai allontanando da te?*
- *Cosa potresti cambiare in te che farebbe la differenza*

*nel vostro rapporto?*

- *Gli comunichi regolarmente i tuoi obiettivi, ciò che vuoi e ciò di cui hai bisogno per avere successo nel tuo lavoro?*

*Alessia ha alla fine capito di avere un ruolo in questa relazione e che non era giusto aspettarsi, solo perché lei ha una posizione gerarchicamente meno importante, che fosse il suo capo ad avere la piena responsabilità della bontà della loro relazione.*

Ti è mai capitato di conversare con una amica che si è appena separata? La colpa naturalmente è tutta del marito: lui non l'ascoltava mai, era diventato freddo, distante e non avevano quasi più rapporti sessuali. O altre mille colpe del genere. Stessa cosa, speculare, se parli con il marito: lei lo rimproverava qualsiasi cosa facesse, ogni cosa che lui decideva non andava bene, ha smesso di essere femminile e visto che si presentava sempre in modo sciatto lui aveva perso la voglia di starle vicino, e così via. Quindi ognuno dei due, dal proprio punto di vista, è una vittima. Quanti matrimoni potrebbero essere salvati se solo ci si chiedesse: in che modo sto portando mio marito ad allontanarsi da me? Cosa è per lui importante che io non riesco a dargli? Cosa sto sbagliando nel mio modo di comunicare che porta mia moglie a fraintendere ogni cosa che le dico?

Dobbiamo ricordare che finché non ci assumiamo la responsabilità di qualsiasi cosa accade e cioè non ci assumiamo la responsabilità delle nostre azioni e reazioni saremo in una condizione di debolezza che ci fa perdere potere sulla nostra vita.

Assumerci la responsabilità significa non dare mai la colpa ad altri, in nessun caso. Significa anche non dare mai la colpa a noi stessi. Essere la vittima di noi stessi è addirittura peggio di essere vittima di altri. Dobbiamo sempre riconoscere che abbiamo fatto il meglio che abbiamo potuto, date le circostanze. Anche se siamo responsabili della nostra infelicità, non è "colpa" nostra. E' solo parte del processo di crescita. E' necessario prendere coscienza e questo richiede del tempo.

Ho passato un brutto periodo alcuni anni fa e attribuivo le colpe della mia infelicità ad un mio capo e per riflesso all'azienda che non sapeva o non voleva difendermi da questa persona. Mi ci sono voluti quasi due anni per capire che io ho sempre avuto delle scelte e che in qualche modo avevo evitato di farle. Per quei due anni "ho scelto" di dare al mio capo la possibilità di trattarmi nel modo che non avrei voluto, "ho scelto" di non fare emergere i miei valori e di vivere lontano dalla mia integrità, "ho scelto" di non andar via e cercare un altro lavoro, "ho scelto" di rendere la mia vita miserabile e stressata.

Quando me ne sono resa conto è stato il giorno in cui mi sono sentita più forte in assoluto. Avevo delle scelte ed ero intenzionata a riprendermi la mia vita e i miei valori. Non ho risentimento verso quell'uomo. In fondo, grazie a lui, ho imparato tanto, ho scoperto dove è la mia forza e ho scoperto quello che NON voglio dalla mia vita. Ed allora sono uscita fuori e sono andata a cercare e prendere ciò che invece volevo per me. Se non scopriamo come stiamo evitando di assumerci la responsabilità, nulla cambierà e lasceremo che gli altri decidano della nostra felicità.

La sensazione di non sentire odio o risentimento verso un'altra persona (o verso eventi esterni a noi) per ciò che accade è un segno che stiamo assumendoci la responsabilità. Ci rendiamo conto che nel passato abbiamo deciso (o permesso) una situazione e ora decidiamo di tirarcene fuori. Una serie di sensazioni o reazioni che proviamo possono essere dei buoni indicatori per capire se c'è qualcosa nella nostra vita di cui stiamo delegando la responsabilità ad altri:

Se proviamo rabbia, odio, mancanza di focus, gelosia, disappunto, mancanza di gioia, impazienza, necessità di controllare gli altri, ossessività, invidia, allora dovremmo cercare di capire in che modo cerchiamo di svicolare. La lista non finisce qui, ma almeno ti sei fatto una idea.

Assumerci la responsabilità significa anche essere coscienti che c'è una contropartita che ricaviamo dalla situazione in cui ci sentiamo bloccati.

*Maria si sente obbligata a badare al suo compagno e alla figlia. Senza di lei, dice, non riescono a fare neanche le cose più semplici. Deve organizzare loro le giornate, ricordare loro gli appuntamenti, le visite mediche che devono fare, gli impegni che si sono presi. Se non ci pensasse lei, le loro vite sarebbero talmente scoordinate che non riuscirebbero a sopravvivere. Per aiutare loro, non ha mai tempo per se stessa e quello che a lei interessa viene sempre in secondo piano rispetto alle loro esigenze. I suoi familiari sono la causa della sua infelicità. Cosa sta veramente costringendo Maria in questa situazione? Quale è la contropartita che riceve? Focalizzando la sua vita attorno alle esigenze dei suoi familiari, Maria appaga il suo bisogno di essere necessaria per gli altri. Come figlia maggiore in una famiglia numerosa, Maria ha sempre dovuto badare ai fratelli e alle sorelle e veniva ricompensata dai genitori solo se svolgeva bene questo suo incarico. Negli anni, il marito e la figlia hanno sostituito i suoi fratelli e lei continua a badare a qualcuno. Nel momento in cui ha attorno persone autosufficienti le sembra di non avere più un ruolo. Solo se Maria prenderà coscienza del fatto che sta evitando la sua responsabilità e dell'esistenza della contropartita che ricava dalla situazione sarà in grado di fare un cambiamento verso una vita più soddisfacente.*

C'è sempre una contropartita nascosta, anche se a volte non è semplice da identificare. E' necessario sedersi con calma e riflettere, penna e carta alla mano, e scrivere la lista di tutto ciò che "ricaviamo" da una situazione. Un sistema utile è quello di chiedere ad un amico di aiutarci: spesso ciò che mascheriamo a noi stessi è molto evidente agli altri.

Infine, assumersi le responsabilità significa rendersi conto di tutte le scelte disponibili in ogni situazione. Se noi siamo coloro che "scelgono", allora qualsiasi situazione, anche la più dura, può essere affrontata diversamente.

Qualche anno fa la mia migliore amica era davvero felice di poter passare capodanno tra i suoi amici più intimi. Come spesso accade, fino a qualche settimana prima dell'evento tutti erano disponibili. A mano a mano che si avvicinava il giorno fatidico la maggior parte di loro ha accampato una scusa più o meno plausibile ed ha scelto di andare ad un'altra festa o di partire per qualche giorno di vacanza. Alla fine i partecipanti alla cena di capodanno sarebbero stati 5. Questo ha costretto il piccolo gruppo a ripensare l'intero progetto. La mia amica si è arrabbiata con il mondo intero! Secondo lei nessuno era più un vero amico e, magari solo in 5, ma questa cena doveva essere fatta perché così era stato concordato. Il risultato: ha accettato un invito per un'altra festa ma solo dopo aver discusso e colpevolizzato gli ultimi quattro amici che cercavano di farla desistere dall'organizzare a tutti i costi una cena di capodanno per così poche persone.

Se abbiamo concordato di passare la serata di capodanno insieme agli amici più intimi e all'ultimo momento ogni amico sembra tirarsi indietro possiamo: decidere di incolpare gli amici per non aver prestato fede ai loro impegni e starcene soli in casa a rimuginare come fargliela pagare, oppure passare la serata con coloro che non hanno nessuno (in un centro anziani, ad esempio, oppure in un centro che accoglie i senza tetto) e aiutarli a non sentirsi soli, oppure invitare due o tre conoscenti che non hanno impegni e che avresti avuto sempre voglia di conoscere meglio, oppure fare una sorpresa ai tuoi genitori che avrebbero voluto averti con loro, oppure andare da soli ad una festa in piazza, ecc. La scelta è sempre e solamente nostra. Provate a pensare, delle scelte descritte, quali ci consentiranno di passare comunque una bella serata e quali ci renderanno infelici e depressi.

**Regola numero 2: Noi insegniamo agli altri come trattarci**

In qualsiasi relazione, il modo in cui veniamo trattati è il risultato di come insegniamo agli altri ad interagire con noi. Siamo noi che modelliamo i comportamenti di coloro con i quali ci interfacciamo. Ognuno entra in comunicazione con l'idea di raggiungere degli obiettivi. Alcune volte vogliamo solo comunicare un fatto o una informazione ("il treno parte alle 18.00"). Molto più spesso la comunicazione prevede una certa reazione da parte dell'interlocutore: l'espressione di una opinione, una azione, una conferma, una accettazione o un diniego, ecc. Quindi chi comunica lo fa, la maggior parte delle volte, con un obiettivo.

La persona che attraverso il processo del comunicare vuole raggiungere degli obiettivi, col tempo, attraverso diversi tentativi e le diverse reazioni dell'interlocutore, imparerà cosa funziona e cosa non funziona e cercherà di adattare il suo stile di comunicazione al fine di ottenere ciò che vuole. Questo processo di apprendimento inizia nei primi anni della nostra infanzia e prosegue ogni volta che i metodi che già conosciamo, che abbiamo già avuto modo di testare, non sono adatti o sufficienti.

Prendiamo l'esempio di un bambino che vuole ottenere che la madre gli compri una palla. Prima glie la chiederà semplicemente. Al rifiuto della madre probabilmente inizierà a fare i capricci. Se la mamma ancora non cede, allora inizierà a piangere. Poi sempre più forte finché i singhiozzi non gli toglieranno il respiro. Se la mamma alla vista della prima lacrima compra il pallone...bingo! Il bambino ha trovato quello che funziona. La volta successiva, senza perdere troppo tempo, inizierà direttamente a piangere. Stessa cosa succede con gli adulti.

Il mio primo capo era una volpe nel capire come avrebbe dovuto prendermi per farmi fare ciò che non avrei voluto. Aveva imparato che presentandomi il nuovo compito come una sfida e facendomi sentire l'unica nell'azienda in grado di affrontarla, io avrei ceduto. E per assicurarsi che non avessi crolli di energia o di motivazione, soddisfaceva il mio bisogno di sentirmi importante in ogni occasione. In realtà sono stata io ad insegnargli come poter ottenere certi comportamenti da me e lui è stato in gamba a cogliere i segnali che io inviavo.

Le persone imparano dall'esperienza. Se noi premiamo, convalidiamo o accettiamo i comportamenti degli altri, questo influenzerà le loro scelte successive di interazione con noi. Ed ogni volta che otterranno ciò che vogliono, ripeteranno il comportamento usato la volta precedente. Se invece non riusciranno ad ottenere il risultato atteso, cambieranno comportamento e ne acquisiranno uno nuovo. Possiamo discutere, minacciarli, piangere, ma se di base con i nostri comportamenti forniamo quello che loro si aspettano, si comporteranno come il bambino di prima: bingo! Questo funziona!

Ogni relazione è negoziata dai partecipanti i quali, col tempo, determinano le regole e le linee guida che delineano il rapporto. E' una continua negoziazione che dipende dal momento, dalle circostanze, dalle persone. Se alcuni o tutti i termini della relazione non sono più soddisfacenti, entrambe le persone possono (e devono) riscriverne le regole.

*Benedetta (29 anni) è sposata con Bruno (30 anni). Quando si sono conosciuti lui era appena uscito da un'altra relazione e in realtà avrebbe avuto voglia di stare un po' per conto suo, avere brevi relazioni molto superficiali, fare un po' il vitellone con i suoi amici. Benedetta era molto innamorata e all'inizio ha consentito a Bruno di ritagliarsi molto spesso serate in cui usciva con gli amici, rientrava tardi, esagerava con l'alcol. Al rientro Bruno non parlava mai della serata che aveva trascorso perché pensava che Benedetta si sarebbe arrabbiata e lei non gli chiedeva nulla per paura di perderlo.*

*Benedetta soffriva per questa situazione. Nonostante ciò, per anni non ha detto nulla. Inoltre non ha mai espresso la volontà di essere coinvolta nel gruppo dei suoi amici, immaginando che una tale richiesta fosse off-limits. Per lui, gli amici e Benedetta sono diventati due mondi completamente diversi. Dopo qualche anno, Benedetta ha iniziato a non sopportare più questa situazione e a discuterne alacremente con Bruno, minacciandolo di andarsene. Bruno, di contro, la accusava di non aver mai accettato i suoi amici e di non aver fatto nulla per permettergli di vivere le sue amicizie senza sensi di colpa e senza dover escludere lei. Benedetta, con il suo comportamento gli aveva insegnato che i suoi amici non erano graditi perché non si era mai interessata per anni a quello che facevano insieme e quindi a quello che a lui piaceva fare. Bruno le aveva confermato con il suo silenzio che era preferibile non interferire tra lui e i suoi amici. E' arrivato un momento in cui hanno dovuto rendersi conto che ognuno aveva insegnato all'altro come essere trattato e nessuno era felice in quella situazione.*

Ogni rapporto può e deve essere rinegoziato se non è soddisfacente per una o entrambe le parti. Onestà, assunzione di responsabilità e fermezza naturalmente sono degli ingredienti utili che aiutano questo processo. Se continuiamo ad accettare delle situazioni perché chi ce le chiede sa di poter far leva sul nostro senso di colpa è ora di rinegoziare. Se non riusciamo a dire di no ogni volta che qualcuno alza la voce con noi, allora dobbiamo pretendere dall'interlocutore di colloquiare con noi in modo più sereno. Se ci ritroviamo alle 9 di sera in ufficio solo per non sentire il nostro capo che ci fa battute sul fatto che facciamo "part time", è il momento di affrontarlo. Se continuiamo a sentirci costretti ad ascoltare pettegolezzi perché altrimenti il nostro collega ci fa sentire esclusi dal team, la buona notizia è che possiamo insegnare agli altri come vogliamo interagire con loro.

Spesso compiamo atti di auto-sabotaggio e perdiamo l'opportunità di insegnare agli altri come relazionarsi con noi per paura delle conseguenze o perché ci convinciamo che tanto nulla cambierà (ancora quei pensieri negativi che dobbiamo bandire!). Come abbiamo visto nelle pagine precedenti, possiamo scegliere: scegliere di farci condizionare la vita dagli altri o scegliere di essere i padroni della nostra vita. Se veramente si generano delle conseguenze o se nulla cambia, avremo comunque fatto un tentativo. E avremo sempre la scelta di uscire dalla situazione, allontanare qualcuno, cambiare lavoro e via dicendo.

**Regola numero 3: Non aspettiamoci il supporto degli altri, quando iniziamo a cambiare.**

E' abbastanza prevedibile. A meno che il nostro compagno/a, il nostro capo, la nostra famiglia o i nostri amici non siano incredibilmente evoluti, tolleranti, comprensivi, non possiamo aspettarci una reazione positiva quando iniziamo a percorrere una strada di sviluppo personale e, in particolare, quando iniziamo a mettere noi stessi in una posizione più centrale rispetto alla nostra vita. E' difficile capire per chi ci sta vicino che grazie a questo processo saremo delle persone migliori, più soddisfatte della nostra vita e consapevoli dei nostri bisogni, valori e desideri. Ed essere delle persone migliori significa anche migliorare le nostre relazioni con gli altri.

Il processo non è immediato e nella fase di cambiamento oscilleremo tra vari stati emotivi, dalla estrema serenità a momenti di disorientamento, sconosciuti fino a quel momento da chi ci è intorno. Sarà necessario del tempo (e molta disponibilità ad accettare dei cambiamenti) per adattarsi alla nuova persona che stiamo per diventare.

Ogni persona con la quale ci relazioniamo ha delle aspettative e degli obiettivi per noi. Nonostante l'affetto e la stima che possa nutrire per noi, è stata abituata per lungo tempo a vederci in un determinato ruolo. Per di più, negli anni, si è abituata a prevedere le nostre reazioni ed i nostri comportamenti ed assieme a noi ha definito le regole della comunicazione. Ha sperimentato cosa funziona e cosa non funziona.

Perché una madre petulante dovrebbe essere felice quando cercheremo di negoziare solo una telefonata al giorno invece di quattro? Perché un capo rude dovrebbe essere felice quando gli chiederemo di trattarci con maggior rispetto? Perché un amico che ha l'abitudine di farci continuamente critiche dovrebbe essere felice quando gli chiederemo di fare dei commenti solo se costruttivi? In qualche modo stiamo destabilizzando il rapporto esistente e non solo stiamo cambiando, ma stiamo innescando un cambiamento anche negli altri (ricordate? Siamo noi che insegniamo agli altri come trattarci!). E il cambiamento è uno dei fattori dai quali più rifuggiamo come esseri umani. Perché sovvertire le regole quando fino ad ora andava tutto così bene? Semplicemente perché non andava tutto così bene per noi!

Prima di tutto cerchiamo di analizzare chi è che abbiamo intorno durante questo periodo di crescita. Le persone che ci stanno vicine ci hanno sempre offerto supporto, anche quando eravamo in errore? Sono delle persone positive o ci siamo sempre sentiti demotivati insieme a loro? Sono persone aperte all'apprendimento e a nuovi modi di vedere le cose? Oppure sono persone che non si sentono a loro agio in compagnia del nostro nuovo modo di essere e preferirebbero che rimanessimo come eravamo?

Se il nostro desiderio è quello di crescere, il processo è facilitato quando abbiamo attorno delle persone forti, motivate e fonte di ispirazione. Se l'ultima delle domande precedenti ha una affermazione come risposta, forse è ora di fare dei cambiamenti.

Nel momento in cui iniziamo a crescere come individui ci rendiamo conto che anche noi non siamo più a nostro agio con persone deprimenti, negative, distruttive e nemiche del cambiamento. Riusciamo a percepire laddove c'è energia e dove non ce n'è e siamo più naturalmente attratti dalle fonti di energia invece che da coloro che l'energia ce la tolgono. Durante il percorso evolutivo che stiamo intraprendendo attrarremo e verremo attratti naturalmente da un tipo diverso di persone.

Le reazioni che avverranno intorno a noi possono essere due: chi ci è intorno si sentirà abbandonato e tenterà di tutto, dalle minacce al ricatto psicologico, per farci tornare la persona che eravamo. Oppure il nostro cambiamento sarà di ispirazione per gli altri, i quali potranno evolversi insieme a noi. Naturalmente la seconda reazione sarebbe la più auspicabile. Avremo un maggior supporto che ci aiuterà a raggiungere quello che vogliamo più velocemente e con più soddisfazione. Il supporto di cui parlo è quello che ci fa sentire bene qualsiasi decisione prendiamo.

Se decidiamo ad esempio che vogliamo smettere di sentirci obbligati a preparare ogni giorno la cena, chi è capace di supportarti reagisce dicendo "ma certo, potresti essere più rilassata e dedicare qualche minuto in più a te stessa. Se ti piacciono le cucine straniere potresti provare ogni giorno una cucina diversa che puoi farti recapitare a casa, oppure uscire più spesso e provare nuovi ristoranti".

Chi invece non vuole supportarci ci dirà: "Ci hai pensato bene? Che dirà tuo marito? Ai miei tempi non saresti stata considerata una buona moglie. E poi, i bambini? Chissà che tipo di alimentazione seguiranno, magari si riempiranno di patatine e coca cola!". In quale caso vi sentireste più intraprendenti e convinti della vostra decisione?

C'è un altro vantaggio nel cambiare. Iniziare a fare delle amicizie con chi è ancora più avanti di voi nel percorso dello sviluppo personale. Se siamo in una barca a vela cercando di doppiare Capo Horn, avremo più possibilità di successo se l'equipaggio è formato da persone che hanno già navigato in mari tempestosi e che sanno come utilizzare le vele in ogni circostanza.

Fare nuove amicizie non è così difficile. Basta essere consapevoli della paura di essere rifiutati e agire nonostante la paura. Se rimaniamo sempre chiusi nel nostro guscio non incontreremo mai nessun nuovo amico. Magari abbiamo incontrato mesi fa una persona che istintivamente ci è piaciuta e che ci piacerebbe rivedere. Oppure abbiamo ascoltato parlare un professore o un relatore ad un convegno e ci è piaciuto il suo modo di vedere le cose. Ogni giorno potremmo avere la possibilità di incontrare persone che sono sul nostro stesso percorso di sviluppo personale. Dobbiamo solo accorgercene e fare un primo passo.

Diamo per scontato che ci guarderebbero con sospetto se contattassimo qualcuno che non abbiamo mai frequentato solo perché ci farebbe piacere passare qualche ora a scambiare quattro chiacchiere. Io ho sempre cercato di stringere e mantenere delle amicizie quando ho conosciuto qualcuno che ne valeva la pena. E sapete la cosa bella? Quasi nessuno ha rifiutato di relazionarsi con me. Anzi, a parecchi ha fatto piacere sapere di avere avuto un impatto nella vita di qualcun altro (in questo caso la mia). Quando mi è capitato di ottenere un rifiuto non mi sono assolutamente lasciata abbattere. Ho semplicemente pensato a quale fosse un'altra persona che avrei avuto voglia di conoscere e l'ho contattata.

La comunità dei coach a livello internazionale è una famiglia veramente generosa e speciale. Nascono spontaneamente gruppi di coach che percorrono un particolare sentiero di crescita e decidono di incontrarsi (fisicamente oppure virtualmente, attraverso internet o telefonate in conferenza) e si aiutano vicendevolmente. Durante il periodo in cui ho deciso di voler intraprendere la strada del coaching ho inviato decine di mail a coach che ammiravo molto chiedendo dei consigli oppure delle informazioni e le porte che si sono aperte sono state innumerevoli.

Ora a volte mi trovo nella situazione opposta: ricevo

email o telefonate da persone che semplicemente vogliono scambiare qualche opinione oppure conoscermi meglio. Ho iniziato a scambiare email regolarmente con persone che non ho mai incontrato prima semplicemente perché hanno manifestato un interesse verso la mia persona e le cose in cui credo. Da dove inizierete voi a fare nuove amicizie costruttive e "energetiche"?

Abbiamo detto che durante il nostro percorso di crescita le persone che ci stanno vicino potrebbero reagire positivamente, accogliendo i cambiamenti che stiamo facendo e accompagnandoci nel nostro percorso, oppure potrebbero ostacolarlo, tentando di farci tornare la persona che eravamo prima.

Quando sono gli amici ed i conoscenti ad avere una reazione negativa, la cosa ci può dispiacere ma non turbarci eccessivamente. Se invece è il nostro compagno/a, invece, la situazione potrebbe diventare molto pesante. Io non voglio dire che la relazione con la persona che amiamo è meno importante di noi e che va presa alla leggera. Ma sarebbe sbagliato scegliere di non fare un cambiamento positivo per noi soltanto perché il nostro compagno (o la nostra compagna) ne sarebbe disturbato/a.

Il risultato sarebbe che, nel tempo, daremo a lui/lei la colpa di averci trattenuto e il risentimento che proveremo rovinerà comunque la nostra relazione. Non è infrequente che le coppie si dividano perché uno dei due componenti ha represso per troppo tempo i suoi desideri ed i suoi bisogni. Io credo che valga la pena partire dal presupposto che la nostra anima gemella voglia il meglio per noi e che con il tempo apprezzerà i cambiamenti positivi che stiamo facendo. Naturalmente ci è richiesto un doppio sforzo: non solo quello di crescere come individui in un ambiente che non ci facilita particolarmente, ma anche quello di trovare il modo affinché questi cambiamenti siano "vincenti" anche per la persona al nostro fianco.

I nostri partner possono essere uno scoglio quando vogliamo iniziare a mettere noi stessi al centro della nostra vita, ma anche i familiari possono diventare un grosso ostacolo, specialmente i figli ed i genitori. Anche loro si sono abituati ad un certo modo di relazionarsi con noi e potrebbero resistere al nostro cambiamento. Figli e genitori, come ho detto nel precedente capitolo, sono i maestri nell'arte della manipolazione. Anche in questo caso, potremmo aiutarli a non ostacolarci se riusciamo a trovare un dialogo che sia vincente per tutte le parti coinvolte. Immaginiamo che per anni la domenica è stata dedicata alla visita dei suoceri ma che ormai questa frequenza di visite sta deteriorando il rapporto con tua moglie (magari la suocera non lascia passare niente di quello che dici oppure ti critica costantemente perché non siete sufficientemente vicino a vostro figlio, ecc. e questo ti rende nervoso nell'unico giorno che avresti voluto sentirti sereno). A tua moglie e a tuo figlio queste visite domenicali piacciono e d'altra parte sono entrate a far parte della vostra routine. Quando comunicherai a tua moglie che non intendi più trascorrere tutte le domeniche con i suoceri le reazioni probabilmente varieranno dalla seccatura all'aperto rifiuto. Come puoi trovare un dialogo vincente per entrambi?
Moglie: "Sei un egoista! Sai che a me e a tuo figlio piace stare con i miei genitori. Non riesci a farci contenti neanche un solo giorno alla settimana"
Dialogo perdente: "Sono anni che mi costringi a vedere i tuoi. La vera egoista sei tu, lo sai che ogni volta che arrivo, tua madre non fa che criticarmi e rovinarmi la domenica!"
Dialogo vincente: "So che per te e per nostro figlio è importante vedere i nonni, e non voglio impedirlo, ma io esco da queste domeniche veramente depresso e pieno di risentimento. La sera della domenica, infatti, non siamo mai in grado di goderci qualche ora in famiglia perché siamo tutti troppo nervosi. Sono certo che se ti accompagnassi dai tuoi, rimanessi qualche minuto, poi andassi a trascorrere due ore

giocando a tennis con Claudio e infine tornassi a riprendervi, saremmo entrambi rilassati e potremmo goderci la serata e uscire noi tre per un cinema o una passeggiata. Sono sicuro che comprenderai il mio desiderio di trascorrere una domenica rilassante."

Come riuscire ad instaurare un dialogo vincente? Prima di tutto è necessario tenere sotto controllo le nostre emozioni e riuscire ad utilizzare sempre un tono di voce neutro. E' anche indispensabile evitare accuratamente di cedere alla tentazione di contromanipolare il nostro interlocutore provando a scaricare su di lui delle colpe o responsabilità. Cerchiamo poi di capire quali sono i bisogni della persona con la quale parliamo e cerchiamo di seguire il seguente schema:

1.  Riconoscere cosa prova l'altro;
2.  Esprimere i nostri sentimenti e sensazioni;
3.  Chiedere un cambiamento;
4.  Esplicitare le possibili conseguenze.

### Riconoscere cosa prova l'altro

Se guardiamo la situazione attraverso il punto di vista dell'interlocutore possiamo essere più obiettivi. Questo non solo ci assicura di ricevere debita attenzione ma ci permette di instaurare un clima positivo.

Dobbiamo evitare di "psicanalizzare", di colpevolizzare la persona che ci è davanti oppure ipotizzare le cause all'origine del suo comportamento perché in genere questi atteggiamenti vengono vissuti come una provocazione. Usiamo termini semplici e concreti (ad esempio "So che non sei abituato al fatto che io rifiuti di prestarti del denaro. Capisco che questo comportamento possa farti immaginare che non tengo più alla nostra amicizia e che possa farti sentire abbandonato".)

### Esprimere i nostri sentimenti e sensazioni

Esprimi quello che senti e che pensi in risposta al

comportamento dell'altro nella specifica situazione. Scegli le parole giuste da dire al tuo interlocutore per spiegare le tue reazioni al suo comportamento. Quando vuoi negoziare un problema cerca di arrivare a chiarezza e moderazione invece che provare ad offendere, provocare o fare dell'inutile sarcasmo. Ogni volta possibile comunica i tuoi sentimenti iniziando con la parola "Io..". Potremmo esprimere i nostri sentimenti dicendo ad esempio "tu mi fai sentire obbligato e questo mi frustra". Se invece ci focalizziamo solo su quello che noi proviamo evitando di alludere ad una probabile colpa dell'altro la conversazione diventa più efficace.

Queste esternazioni delle nostre sensazioni non appaiono come un attacco ma suggeriscono che il comportamento dell'interlocutore e le nostre reazioni a quest'ultimo impediscono ad entrambi di raggiungere gli obiettivi comuni. Ad esempio potremmo dire "Il fatto è che quando tu mi chiedi del denaro ho la sensazione di essere manipolato: mi sembra di essere messo all'angolo e di non poter decidere liberamente. Questa spiacevole sensazione si insinua nel nostro rapporto di amicizia".

### Chiedere un cambiamento

Dopo aver descritto il comportamento dell'altra persona ed aver espresso le nostre sensazioni, il terzo passo è quello di chiedere esplicitamente un comportamento diverso. In parole povere dobbiamo fargli capire che vogliamo che smetta il comportamento X ed inizi ad agire il comportamento Y.

I migliori risultati si ottengono se facciamo un'unica richiesta molto specifica e concreta. Il linguaggio deve riferirsi ad elementi obiettivi e non a tratti della personalità (funziona meglio se diciamo "Per favore, non chiedermi più di prestarti del denaro" invece di "Non essere così insistente"). La richiesta deve essere ragionevole e alla portata dell'altra persona, altrimenti il rischio è di non ottenere comunque nulla. E' meglio procedere per piccoli cambiamenti successivi che fare la richiesta di un cambiamento troppo radicale. Ricorda che può essere possibile che la controparte richieda qualcosa da te, come succede in ogni negoziazione. Preparati ad anticipare queste eventuali contro-richieste.

Quanto ti risulterebbe difficile modificare il tuo comportamento? Più sei preparato alle eventuali richieste e più probabilità di successo avrai. Nel nostro caso potremmo dire: "Quello che ti chiedo è di essere più cauto nelle tue spese, in particolare di tenere un budget aggiornato delle tue entrate e delle tue spese e di rimandare alcuni acquisti al mese successivo quando ti accorgi di non avere fondi a sufficienza.

Se vuoi posso aiutarti a pianificare meglio le tue entrate e le tue uscite e anche a mettere da parte dei soldi ogni mese per le emergenze. Io voglio per te che non ti senta sempre alla mercé della generosità dei tuoi amici, ma che tu sappia amministrarti bene".

### Esplicitare le possibili conseguenze

Ogni negoziazione prevede una parte relativa alle conseguenze (possono essere delle ricompense o delle punizioni) per le due parti che si accordano. Le ricompense non sono solo quelle materiali ma, anzi, le più efficaci sono generalmente legate al concedere affetto, approvazione o dimostrare il nostro apprezzamento in mille modi diversi. In moltissimi casi la ricompensa è semplicemente il fatto che noi saremo più felici. Le punizioni sono numerose e possono andare dall'ignorare o criticare qualcuno all'indifferenza, all'attacco, all'umiliazione. La cosa più efficace, naturalmente è quella di sottolineare le conseguenze positive (a meno che già numerosi tentativi siano falliti). Inoltre le conseguenze negative generalmente provocano nell'altro sentimenti di ribellione, di rabbia, di ingratitudine. Sempre per tornare al nostro esempio potremmo dire: "In questo modo tu eviterai numerosi problemi ed io sarò più propenso a prestarti del denaro qualora ci sia una vera emergenza perché saprò che hai fatto comunque il possibile per camminare con le tue gambe."

Prova ora ad applicare questo sistema per creare un dialogo vincente con qualche persona vicina che non ti sta sostenendo nel cambiamento che stai facendo. E' importante preparare le nostre richieste in anticipo e allenarci ad immaginare la scena e provarla più volte, esattamente come fanno i presentatori prima di salire sul palco e parlare in pubblico.

Immagina quale sia la persona con la quale vuoi instaurare un dialogo vincente e quale tipo di comportamento vuoi chiedere di cambiare. Immagina anche i cambiamenti che questa persona potrebbe richiedere da te durante la negoziazione e poi scrivi il tuo dialogo vincente:

Persona che ho scelto per il dialogo vincente:

_____

Comportamento da cambiare: _____

_____

Eventuali cambiamenti che potrebbe chiedermi:

_____

*Il mio dialogo vincente.*
In che modo riconosco cosa prova l'altro:

_____

_____

I miei sentimenti e sensazioni:

_____

_____

Il cambiamento che chiedo:

_____

_____

Le possibili conseguenze:

_____

_____

# 4. RAFFORZIAMO LO SPAZIO DELL'IO AUTENTICO

Per iniziare a dire di no in modo efficace, è molto importante partire da una posizione di forza e non da una posizione di debolezza. Quello che intendo dire è che è necessario prendere coscienza dei nostri valori, dei nostri bisogni e dei nostri desideri e definire i nostri obiettivi, i comportamenti che ci impegniamo a tenere con gli altri ed i comportamenti degli altri che non accettiamo. Se non facciamo questo lavoro rischiamo di dire di no per le ragioni sbagliate oppure dire di no alle cose che invece sono importanti per noi. Inoltre, se partiamo da una situazione forte, il nostro no sarà più efficace e saremo in grado di ottenere dagli altri la reazione più desiderabile.

Dal mio punto di vista il nostro Io Autentico, la nostra vera essenza, è formata da Valori, Standard e Bisogni (vedi lo schema nella pagina successiva). Quando questi elementi sono presenti in maniera chiara e sono coerenti tra loro, il nostro Io Autentico è forte e noi ci sentiamo appagati, bilanciati, in pieno possesso degli strumenti per ottenere la vita e la qualità dei rapporti che desideriamo. Quando invece Valori, Standard e Bisogni non sono identificati e/o non sono allineati, il nostro Io Autentico è debole. Siamo più influenzabili, incapaci di difenderci, insoddisfatti e probabilmente ci lasceremo vivere secondo le aspettative di altri.

Se vogliamo far crescere un grande albero frondoso, dobbiamo fare in modo che le radici possano piantarsi bene nel terreno. Se l'albero non ha terra, acqua e nutrienti a sufficienza, il tronco crescerà deformato, i rami non saranno forti, la chioma non sarà ricca. Alla prima tempesta, al primo periodo di siccità, l'albero non ce la farà.

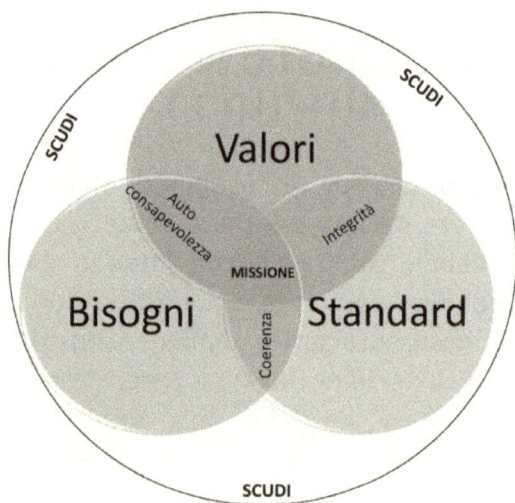

La stessa cosa accade con noi stessi. Se vogliamo essere felici, appagati, sereni ed in grado di affrontare con successo le avversità della vita, dobbiamo avere delle radici forti e fare in modo che esse affondino bene nel terreno.

Soltanto quando il nostro Io Autentico è forte possiamo costruire degli "scudi", quei confini immaginari che definiscono i comportamenti che non accettiamo dagli altri, quelle barriere virtuali che ci permettono di mantenere un equilibrio del nostro Io e di essere al meglio di noi stessi. Gli scudi sono quelle barriere che ci consentono di dire di no in maniera efficace.

Iniziamo il nostro viaggio per rafforzare il nostro Io Autentico.

## I bisogni.

La maggior parte delle persone ha familiarità con i bisogni fisiologici dell'essere umano (come nutrirsi, dissetarsi, respirare, eccetera), ma non tutti sanno che vi è un insieme di bisogni psicologici la cui soddisfazione (o la mancanza di essa) ha un effetto sul nostro benessere. Ogni essere umano nasce con una serie di bisogni psicologici che esistono indipendentemente dalla sua cultura o paese di provenienza.

Ci sono cinque bisogni fondamentali che determinano gran parte del nostro comportamento, perché già da bambini facciamo di tutto per garantire la loro realizzazione. Quattro di loro si mostrano in polarità, cioè come opposti.

1) il bisogno di appartenere/essere amato; e sul lato opposto
2) il bisogno di esprimersi in modo autonomo;
3) il bisogno di prevedibilità/sicurezza e sul lato opposto
4) il bisogno di varietà/stimolazione.

Abbiamo anche un bisogno che noi chiamiamo il bisogno dell'anima che non ha opposto e cioè:

5) il bisogno di senso e significato.

### *Amore e appartenenza*

Da bambini siamo impotenti e indifesi, e la nostra sopravvivenza dipende dalla nostra capacità di formare un collegamento stabile a qualcuno che possa prendersi cura di noi. Siamo geneticamente programmati per tentare di creare un legame con le persone che ci nutrono e, se possibile, anche di essere amati da loro.

Mentre è semplice riconoscere come questa esigenza

impatta le nostre relazioni personali, è meno evidente come il bisogno di appartenenza e d'amore ci influenzi anche sul posto di lavoro. Noi di solito esprimiamo questa esigenza in un modo che è più adatto al contesto professionale: invece di dire che vogliamo essere amati dal nostro capo o colleghi di lavoro, diciamo che vogliamo essere apprezzati o piacere. Alla fine tutto si riduce alla stessa cosa: come esseri umani siamo animali sociali, e come tali siamo in una eterna missione verso la comunità, la vicinanza, l'accettazione e l'amore.

### Autonoma espressione di sé

Anche se l'appartenenza/amore è un bisogno importante per noi, abbiamo anche bisogno di individualizzarci, di sentire che possiamo prendere decisioni da soli o esprimere liberamente chi siamo. Perché un bambino possa prosperare ha bisogno di sapere che è amato e che appartiene ad una famiglia tanto quanto ha bisogno di avere la possibilità di auto-espressione autonoma.

Anche da bambini vogliamo fare le cose nel modo che vogliamo. Anche se si può sostenere che in qualche misura moderare l'esigenza di espressione autonoma di sé è il fondamento di ogni società funzionale, la costante regolazione esterna del nostro comportamento esplorativo ha un costo. Un bambino che viene costantemente corretto, fermato, fatto vergognare, o punito per esprimersi liberamente riceve il messaggio che essere liberamente se stesso è inaccettabile e deve essere modificato.

### Sicurezza e prevedibilità

Il bambino deve sentire di essere fisicamente e psicologicamente al sicuro. Il modo in cui questa sicurezza si concretizza è attraverso la prevedibilità. Un ambiente sicuro è quello in cui il bambino ha la percezione che non solo oggi verrà sfamato, che la madre ci sarà in caso di pericolo ma che questo accadrà anche domani e nel futuro. Sperimentare il mondo come un luogo prevedibile e sentirsi al sicuro ha tanti benefici sia emotivi che fisiologici. Se però l'ambiente è sempre e costantemente sicuro e prevedibile, al bambino presenta pochi stimoli per la crescita e l'apprendimento.

### Varietà e stimolazione

All'opposto del nostro bisogno di sicurezza e prevedibilità c'è il nostro bisogno di crescita e di stimolo. Vogliamo la varietà, l'imprevedibilità, vogliamo esplorare e provare le novità. Abbiamo bisogno di stimolazione in modo da poter crescere e differenziarci, ma non così tanti stimoli al punto da far entrare il nostro corpo in modalità di emergenza e bloccarci.

### Senso e significato

Il bisogno finale è il bisogno di senso e significato. Come esseri umani siamo unici, nel senso che noi abbiamo piena consapevolezza di essere vivi in un cosmo infinito. L'idea che noi siamo, in relazione a tutta l'esistenza, niente di più che un granello di polvere, è una visione potenzialmente disorientante. Per questo vogliamo dimostrare che la nostra vita qui, ora, su questo pianeta ha un significato.

La ricerca di senso e significato può spingere una persona a creare e contribuire in modo eccezionale, oppure può spingerli in una spirale tossica di megalomania. Ma la linea di fondo è che la maggior parte di noi soffrirà in ambienti che non consentono alcun spazio per il nostro bisogno di senso e significato.

### Bisogni soddisfatti e insoddisfatti

Quando questi bisogni sono soddisfatti nell'infanzia dai genitori, dai parenti o figure di sostegno come le tate, negli anni successivi da maestri e compagni di scuola e nell'età adulta da noi stessi, allora lo sviluppo della psiche non ha limiti. I bisogni continueranno a guidarci verso decisioni e scelte atti a mantenere in equilibrio tutte le nostre necessità.

Se invece uno dei bisogni è stato negato totalmente o parzialmente, la paura di non poterlo soddisfare colorerà tutti i livelli di funzionamento del nostro organismo, e influirà in particolar modo nei nostri comportamenti e nelle relazioni.

Quando il bambino non ottiene la soddisfazione di uno o più dei quattro bisogni che a lui servono per sopravvivere, - amore, autoespressione, sicurezza e stimolo - sviluppa un particolare attaccamento al bisogno insoddisfatto e ne diviene "affamato": ecco che il bisogno insoddisfatto nell'infanzia dà forma e influenza i suoi comportamenti, anche quelli da adulto. Possiamo definire questo tipo di bisogno, un bisogno deficitario.

Se abbiamo un attaccamento ad un particolare bisogno, da una parte sviluppiamo una particolare antenna che ci fa percepire quando esiste il minimo pericolo che il bisogno non venga soddisfatto. Dall'altra - attraverso la lente del bisogno insoddisfatto - iniziamo a leggere tra le righe qualsiasi cosa vediamo o ascoltiamo in modo da poter fare supposizioni e trovare ogni possibile indizio per capire se il nostro bisogno potrà essere soddisfatto.

*Antonella è una libera professionista che dopo anni di attività free lance vorrebbe creare un'azienda di consulenza e trova dei partner con i quali affrontare l'esperienza assieme. E' molto materna e si preoccupa che gli altri siano a proprio agio nella relazione con lei. E' molto brava a percepire gli stati d'animo degli altri, a supportarli, incoraggiarli e se serve consolarli.*

*Ma non appena percepisce dall'altra persona un certo grado di distacco, se crede che sia con lei meno "calda" del solito, inizia a fare congetture su quale possa essere il suo ruolo nello stato d'animo dell'altro, come se tutto dipendesse da lei. Ripercorre le ultime conversazioni, cerca di identificare un potenziale motivo di insoddisfazione. Insiste con i propri partner di voler "chiarire" cosa sta succedendo, nonostante i partner non rilevino nulla di particolare. Ogni piccolo fraintendimento diventa un affare di stato e i partner cominciano a non poterne più, la relazione diventa pesante*

*. Dopo aver a lungo riflettuto sulle sue reazioni Antonella comprende che uno dei bisogni completamente insoddisfatti da bambina è stato il bisogno di amore e accettazione. La mamma non era amorevole con lei (le confesserà in seguito di non averla voluta) e Antonella ha imparato a "leggere" ogni stato d'animo della madre per cercare di capire se poteva avvicinarsi con una richiesta di affetto o meno.*

*Questo bisogno deficitario l'aveva accompagnata nell'età adulta e faceva scattare in lei dei comportamenti reattivi se sentiva anche lontanamente che qualcuno poteva non volerla più vicino.*

Molti di noi trascorrono la propria vita cercando di soddisfare i bisogni rimasti insoddisfatti nell'infanzia senza mai riuscirci completamente e spesso le decisioni che prendiamo ed i comportamenti che assumiamo scaturiscono proprio dalla ricerca del soddisfacimento di quel bisogno negato.

*Nadia ha 28 anni ed ha un immenso bisogno di sentirsi protetta. Il bisogno probabilmente è nato nella sua infanzia, quando il padre ha lasciato la famiglia e la madre da sola non riusciva a farla sentire al sicuro. Molte delle scelte che Nadia ha fatto nella vita sono nate dalla necessità di soddisfare questo bisogno: ha scelto un compagno molto più anziano di lei ed un lavoro molto ripetitivo ma sicuro. Anche nella quotidianità, Nadia inizia a rendersi conto di prendere le strade che le evitano di assumersi rischi per sé e per le relazioni che costruisce.*

*Marco è un manager in una media azienda ed ha interessanti prospettive di carriera. Ora che l'azienda lo ha messo in una posizione di leadership si sente inadatto. Il problema più grande è che non riesce ad essere deciso e assertivo con i membri del suo team e non viene mai preso sul serio.*

*Marco ha scoperto di avere sempre avuto bisogno di sentirsi accettato dagli altri. Ora, quando è nelle riunioni o faccia a faccia con i suoi collaboratori, non riesce a prendere la decisione più giusta ed equilibrata ma solo quella decisione che gli eviti l'impopolarità o comunque quella che evita di scontentare i suoi collaboratori, cercando in questo modo di essere apprezzato. Se vuole veramente crescere, deve superare questo bisogno che lo blocca.*

Un bisogno deficitario controlla la nostra vita. Quando siamo guidati dai nostri bisogni deficitari, perdiamo la capacità di agire in integrità e in linea con i nostri valori. Il fulcro di ciò che facciamo è ottenere la soddisfazione del bisogno.

Se a Marco capitasse un collaboratore particolarmente incline al pettegolezzo, potrebbe essergli difficile evitare di essere coinvolto: il suo bisogno di essere accettato gli impedirà di sottrarsi ai pettegolezzi fatti ai danni di qualcun altro. Si sentirà magari accettato dal suo collaboratore, ma perderà la stima del resto del team.

Dobbiamo prendere coscienza dei nostri bisogni psicologici, sia quelli che ci farebbe piacere se fossero soddisfatti ma che non condizionano i nostri comportamenti e la nostra integrità in caso non lo siano, sia quelli deficitari che innescano una sensazione di paura, ansia o frustrazione e un comportamento non funzionale.

I primi possono diventare una bussola che orienta le nostre scelte verso situazioni e persone che ci appagano. I secondi, invece, se vogliamo dare spazio all'Io Autentico devono essere riconosciuti e "disinnescati".

Quando lo facciamo possiamo sviluppare la capacità di soddisfare i nostri bisogni anche se con il tempo cambieranno forma e sostanza; possiamo crescere nel nostro percorso di sviluppo ed orientare la nostra vita attorno ai nostri valori; possiamo essere più equilibrati; ci verrà inoltre più naturale riuscire a dire di no a ciò che non vogliamo più tollerare.

Per raggiungere una vita senza sforzi, gratificante ed equilibrata, dobbiamo fare in modo da:

- identificare i nostri bisogni di base e cercare situazioni e persone che possano aiutarci a soddisfarli e
- Identificare i bisogni deficitari e disinnescarli o almeno tenerli sotto controllo.

Non è un processo semplice, ma è assolutamente fattibile. E mano a mano che lavoreremo sulle altre aree dell'Io Autentico ci risulterà ancora più facile.

**Esercizio. Aumenta la consapevolezza dei tuoi bisogni e di come vengono soddisfatti nella tua vita.**

Iniziamo con l'identificare i nostri bisogni. Di seguito trovi una lista dei bisogni più comuni. Non è una lista esaustiva, ma potrà darti uno spunto. Puoi anche aggiungere dei nuovi bisogni alla lista. Il primo esercizio da fare è quello di sottolineare i 5 bisogni che ti sembrano quelli più importanti. Ricorda che cerchi dei bisogni e non desideri, fantasie o voglie. Alcuni dei bisogni scritti li riconoscerai all'istante, per altri dovrai interrogarti più a lungo.

Chiediti: "Quando questo bisogno è sufficientemente soddisfatto, la mia vita è più facile e posso raggiungere meglio i miei obiettivi?"

Lista (incompleta) dei bisogni:

Essere accettato • Essere rispettato • Sentirsi incluso • Essere popolare • Essere tenuto in conto • Avere l'approvazione degli altri • Riuscire ad ottenere • Realizzare • Arrivare • Sentirsi completo • Essere degno • Essere elogiato • Avere una buona reputazione • Essere lusingato • Ricevere complimenti • Essere stimato • Essere ringraziato • Essere amato • Essere coccolato • Essere preferito • Sentirsi attraente • Essere un esempio • Non sbagliare • Essere compreso • Essere difeso • Essere incoraggiato • Ricevere attenzioni • Essere aiutato • Essere tenuto in conto • Ricevere regali • Essere abbracciato • Avere conferme • Avere rassicurazione • Essere preciso • Ordine • Certezze • Lusso • Eccesso • Abbondanza • Essere servito • Avere qualcuno che si prenda cura di me • Essere ascoltato • Raccontare • Fare osservazioni • Insegnare • Sentirsi importante • Controllare • Essere ubbidito • Correggere gli altri • Essere in disaccordo • Mantenere lo status quo • Limitare • Essere utile • Compiacere gli altri • Incidere sugli altri • Essere desiderato • Essere importante • Essere essenziale • Fare la cosa giusta • Obbedire • Avere un compito • Avere una causa • Far piacere agli altri • Sentirsi libero • Sentirsi indipendente • Essere autonomo • Non sentirsi obbligato • Essere franco • Non avere segreti • Censurare • Perfezione • Coerenza • Invariabilità • Prevedibilità • Regole • Accordo • Stabilità • Sicurezza • Potere • Autorità • Onnipotenza • Influenza sugli altri • Essere notato • Essere ricordato • Essere ben considerato • Essere acclamato • Protezione • Essere pienamente informato • Responsabilità • Emergere • Esercizio

Inizia con il primo bisogno e rispondi alle seguenti domande:

Il primo bisogno che ho scelto è

_____

Perché ho questo bisogno? Da cosa è causato?

a. _____

b. _____

c. _____

Quali sono i "costi" per me se non soddisfo il mio bisogno?

a. _____

b. _____

c. _____

Quali sono i benefici se riesco a soddisfare il mio bisogno?

a. _____

b. _____

c. _____

Fai lo stesso con gli altri quattro bisogni che hai identificato.

Ora prova a vedere se nella tua vita riesci a soddisfare questi 5 bisogni in modo sufficiente. Riempi la seguente tabella: in quali ambienti e situazioni senti che i tuoi cinque bisogni sono soddisfatti?

|  | Bisogno 1 ____ | Bisogno 2 ____ | Bisogno 3 ____ | Bisogno 4 ____ | Bisogno 5 ____ |
|---|---|---|---|---|---|
| In casa |  |  |  |  |  |
| In famiglia |  |  |  |  |  |
| Sul lavoro |  |  |  |  |  |
| Con gli amici |  |  |  |  |  |
| Nei miei hobby |  |  |  |  |  |
| _____ |  |  |  |  |  |
| _____ |  |  |  |  |  |

Se nei vari ambiti della tua vita non trovi sufficiente soddisfazione ai tuoi bisogni, allora progetta una attività che ti consenta di dare spazio a quel o a quei bisogni per te importanti. Ad esempio se uno dei tuoi bisogni è "essere autonomo" e ad oggi in nessun ambito della tua vita trovi soddisfazione ad esso, allora potresti scegliere di implementare una o più delle seguenti attività (la lista di seguito vuole presentarti solo degli esempi, trova tu l'attività che ti è più consona):

- chiedere di poter gestire un progetto in autonomia sul posto di lavoro;
- iniziare un progetto per te interessante che puoi

gestire autonomamente;

- (se sei un uomo che non cucina) cucinare tu una volta a settimana reperendo gli ingredienti che ti serviranno. E naturalmente rimettendo a posto e pulendo poi la cucina dopo che l'hai usata;
- fai delle scelte senza ascoltare amici o parenti, ma solo usando il tuo giudizio.

L'idea è che avendo maggiore consapevolezza sui bisogni che ci guidano possiamo scegliere di soddisfarli includendo delle nuove attività o abitudini nella nostra vita.

**Esercizio. Disinnescare i bisogni deficitari.**

Torna alla lista dei bisogni e prova a identificare se c'è un bisogno deficitario, cioè un bisogno che ti ritrovi a cercare in tutti i modi di soddisfare e hai dei comportamenti poco funzionali quando lo fai. Prova anche a notare se nell'esercizio precedente hai scelto uno o più bisogni deficitari.

Un altro modo per identificare i bisogni deficitari è quello di individuare un comportamento non funzionale che adotti di solito in circostanze in cui provi un grande fastidio, frustrazione o preoccupazione. Ad esempio: *"In ogni relazione amorosa, ogni volta che il mio compagno cerca di imbrigliarmi, di far diventare più stabile la relazione, io comincio a diventare nervosa, mi manca l'aria e finisco sempre per innescare un litigio"*.

Prova a chiederti: Quale bisogno cerco di esprimere o proteggere con il mio comportamento? (prova a dare una occhiata alla lista dei bisogni precedente per avere dei suggerimenti) Ad esempio: *Libertà*

---

A quale dei quattro bisogni di base (appartenenza/ amore, espressione autonoma, sicurezza e prevedibilità, varietà e stimolazione) appartiene questo bisogno? Ad esempio:

*Espressione autonoma*

---

### Sviluppare le qualità di chi ha il bisogno opposto al nostro

Come abbiamo detto in precedenza, i 4 bisogni di base si presentano come polarità: uno è all'opposto dell'altro. Se il bisogno di amore/appartenenza è a un polo, il bisogno di espressione autonoma è all'altro polo. Se il bisogno di sicurezza e prevedibilità è ad un polo, il bisogno di varietà e stimolo è al polo opposto. Per disinnescare il bisogno deficitario una delle opzioni più efficaci è quella di integrare (o sviluppare) il bisogno opposto al nostro. Questo significa scegliere di concentrarci su un aspetto di noi stessi che vogliamo sviluppare.

Per diventare psicologicamente maturi, abbiamo la responsabilità di trovare il nostro equilibrio nelle contraddizioni che la vita ci presenta e di scegliere consapevolmente di abbracciare il bisogno del profilo opposto al nostro.

Se hai bisogno di essere amato, stimato, apprezzato, il bisogno opposto al tuo è quello di una persona che ha bisogno di indipendenza e di non dipendere dal giudizio degli altri. Cosa c'è al momento nella tua vita che potrebbe aiutarti a spostare la tua attenzione dall'assicurarti che il tuo bisogno di amore o attenzione o appartenenza sia costantemente soddisfatto ad attivare il tuo bisogno di espressione autonoma? Quale relazione nella tua vita avrebbe maggior vantaggio se tu apprendessi ad essere indipendente invece di aspettare una validazione dagli altri?

Se hai bisogno di essere indipendente e di mantenere una certa distanza dagli altri, dovrai apprendere a dare te stesso, a permetterti di essere in intimità con qualcuno. Cosa potresti guadagnare se, invece di insistere sulla tua autonomia e indipendenza, tu indirizzassi la tua energia sul tuo bisogno di dare e ricevere amore? Come potrebbe trarne vantaggio la tua vita professionale? Quale relazione nella tua vita ne uscirebbe rinnovata?

Se hai bisogno di mantenere tutto sotto controllo, dovrai apprendere ad apprezzare il cambiamento e la crescita, a lasciarti andare. Cosa potrebbe essere possibile se riuscissi ad abbracciare il tuo bisogno per la varietà e l'imprevisto, senza preoccuparti di quanta incertezza dovrai affrontare? Cosa renderesti possibile, nel tuo lavoro, che oggi ti sembra inconcepibile? Quali relazioni potrebbero trarre vantaggio se tu smettessi di assumerti sempre troppa responsabilità, smettessi di voler inquadrare l'altro e invece lasciassi andare il tuo lato più ribelle e libero?

Se hai bisogno di continui stimoli e varietà, dovrai apprendere a prenderti un impegno, ad accettare la routine, gli accordi, le regole. Invece di cercare costantemente situazioni e stimoli nuovi, cosa succederebbe se fossi in grado di attivare il tuo bisogno di certezza e stabilità? Se fossi più organizzato e prevedibile, quali parti della tua vita migliorerebbero? E quali relazioni rifiorirebbero se non ti identificassi più con colui o colei che deve rimanere libero e ribelle?

Il dono che integrare i vari bisogni ci offre è quello di apprendere a trovare in ciò che prima avremmo magari criticato negli altri una qualità che possiamo integrare e che ci rende più completi come esseri umani. Ad esempio, se ho sempre cercato di vivere in modo organizzato, prevedibile e strutturato in modo da sentire un senso di sicurezza, posso apprendere a godere di una giornata in piena spontaneità, senza fare programmi. Se ho fatto dell'indipendenza la mia bandiera per paura di rendermi vulnerabile agli altri, posso imparare ad apprezzare la sensazione che dà la condivisione.

Più integriamo aspetti di noi che abbiamo negato o che non ci siamo dati il permesso di vivere, più la nostra esperienza della vita diventa piena, creativa, leggera e appagante.

*Riflessioni*

- Rispetto ai quattro bisogni di base, ti sembra di avere un centro di gravità verso uno o più di loro?

_____

_____

- Quale è il talento che il tuo bisogno deficitario ti ha aiutato a sviluppare? In cosa ti ha reso particolarmente bravo?

_____

_____

- In quale modo il tuo bisogno deficitario sta ora limitando la tua efficacia?

_____

_____

- Se apprendessi a integrare il bisogno opposto al tuo, che tipo di persona potresti diventare? Quale capacità riusciresti a sviluppare?

_____

_____

**I Valori Autentici.**

I Valori Autentici sono le attitudini e le attività alle quali siamo naturalmente portati. I Valori rappresentano ciò che siamo veramente. Esempi di Valori sono: creare, aiutare gli altri, incoraggiare, ecc. Una lista di oltre 100 valori è alla pagina successiva. Quando siamo impegnati in queste attività, diamo il meglio di noi stessi, siamo in una situazione di completo appagamento. Queste attività sono quelle a cui noi siamo stati sempre portati in maniera naturale, probabilmente attività che facevamo già quando eravamo bambini, cose che abbiamo sempre amato fare. Se eravamo degli esploratori all'età di 6 anni, è probabile che la scoperta e l'esplorazione siano ancora parte dei nostri valori anche a 60 anni.

Non bisogna confondere i Valori con i Bisogni, di cui abbiamo parlato nel precedente paragrafo: i Bisogni sono elementi di cui percepiamo la mancanza e di cui non possiamo fare a meno. Ognuno di noi ha Bisogni insoddisfatti che influenzano in maniera determinante molte delle nostre scelte e decisioni. I Bisogni rappresentano qualcosa che cerchiamo continuamente e la cui continua mancanza ci rende infelici.

Non bisogna confondere i Valori Autentici neanche con i "dovrei" ed i "vorrei". Prova a scorrere la lista della pagina successiva... se la tua reazione ad alcuni dei valori elencati è "...già, dovrei avere questo valore" oppure "...questo è il valore che vorrei per me", allora sei sulla strada sbagliata. I Valori Autentici sono innati e rappresentano quello a cui più teniamo, quello che naturalmente definisce chi siamo. A volte una serie di circostanze, di decisioni, di condizionamenti, ci fanno vivere al di fuori dei nostri valori e quindi non siamo in armonia con noi stessi. Facciamo un esempio. Se uno dei nostri Valori più importanti è quello di "creare" ma il nostro lavoro o il nostro ruolo professionale non ci permette di onorare il nostro valore della creatività, per quanto importante sia la nostra posizione e anche se il nostro stipendio è altissimo, arriverà un momento in cui realizzeremo di non sentirci soddisfatti, di non esprimere noi stessi al meglio.

I Valori Autentici possono giacere per anni nel dimenticatoio o rimanere nascosti per molto tempo quando ci sono elementi che si intromettono tra noi e loro. Questi elementi possono essere:

Bisogni, adrenalina, irresponsabilità, stress, problemi irrisolti con il passato, doveri, denaro, ruoli, eccetera.

Questi elementi, purtroppo, guidano la maggior parte degli esseri umani e non c'è da stupirsi se poche persone riescono a identificare i propri Valori e a definire la propria vita attorno ad essi. Finché questi elementi non vengono gestiti, è difficile che i Valori riescano a venire alla superficie e a manifestarsi. Per molti, la presenza pressante di numerosi bisogni oscura i Valori e la ratio tra Bisogni e Valori diventa confusa.

Lista (parziale) dei Valori Autentici:

*Scoperta • Avventura • Sperimentazione • Intraprendenza • Osare • Ricerca • Essere pioniere • Bellezza • Raffinatezza • Eleganza • Gusto • Delicatezza • Dolcezza • Attrazione • Gentilezza • Guidare • Avere un impatto sugli altri • Influenzare • Incoraggiare • Entusiasmare • Far accadere • Liberare • Essere un catalizzatore • Dare energia • Cambiare • Stimolare • Contribuire • Migliorare • Assistere gli altri • Facilitare • Proteggere • Creare • Inventare • Progettare • Immaginare • Pianificare • Costruire • Perfezionare • Generare • Scoprire • Imparare • Percepire • Osservare • Sperimentare • Intuire • Emozioni • Percepire l'energia • Essere in contatto con le proprie sensazioni • Dirigere • Ottenere • Dominare • Persuadere • Modellare • Competere • Essere un esperto • Essere superiore • Essere il migliore • Primeggiare • Eccellere • Creare standard • Divertirsi • Sensualità • Sesso • Sport • Intrattenere • Giocare • Piacere • Famiglia • Avere un buon network • Amicizia • Far parte di una comunità • Avere dei legami • Avere delle radici • Essere integrato • Corrispondere • Amare • Tenerezza • Sensibilità • Essere presente • Empatia • Supportare • Avere compassione • Essere sensibile • Comprendere • Accettare • Essere consapevole • Essere in relazione con Dio • Devozione • Onorare • Passione • Religiosità • Educare • Insegnare • Illuminare • Informare • Spiegare • Prevalere • Riuscire • Vincere • Attrarre*

Nei colloqui di assunzione i Valori vengono raramente discussi. Eppure anche l'azienda sviluppa dei suoi Valori che sono più o meno condivisi dalle persone e che permeano la vita dell'organizzazione. E' importante valutare il tipo di lavoro, le competenze richieste, il trattamento economico. Ma è altrettanto importante valutare se l'azienda potrà permetterci di onorare i nostri Valori o ci costringerà ad allontanarcene. Nel medio e lungo termine se i valori dell'azienda sono diametralmente opposti ai nostri non è pensabile che la nostra produttività, il nostro orgoglio di contribuire al successo dell'organizzazione, il nostro impegno rimangano costanti. Se per la nostra vita è indispensabile il valore della collaborazione e l'Azienda invece premia la forte competitività interna, non saremo messi in grado di esprimere ed onorare ciò che è poi una leva della nostra efficacia.

Nelle decine e decine di colloqui che ho fatto con aziende, spesso le migliori del mercato italiano ed internazionale, 9 volte su 10 il tema dei valori non è stato neppure sfiorato. I colloqui sono focalizzati sulle competenze professionali come la leadership, la capacità di lavorare in team, creatività, impegno, capacità di risolvere problemi, di gestire conflitti, di negoziare, di stimolare e dare energia al team, di gestire una grande mole di lavoro anche in situazioni di emergenza. Ma nulla riguardo ai Valori Autentici che sono alla base della persona. Se vogliamo vedere la cosa anche dal punto di vista dell'azienda, è chiaro che includere i valori nei punti di discussione di un colloquio di assunzione possa far identificare se il candidato, una volta inserito nel contesto valoriale dell'organizzazione, contribuirà a rendere i valori aziendali ancora più solidi. Andrà anche a vantaggio dell'azienda sapere che il candidato avrà maggiori possibilità di mantenere un livello di energia e impegno sempre elevato se i suoi valori e quelli dell'organizzazione coincidono.

Quante coppie, tra quelle che si separano, arrivano alla decisione di rompere il vincolo del matrimonio perché una parte non consente all'altra di onorare i suoi valori? Quanti di noi frequentano delle amicizie che ci costringono a tradire i nostri valori? Quanti di noi hanno una famiglia che ha delle aspettative diverse sui valori che dovremmo avere e per allinearci con quelle aspettative, dimentichiamo chi siamo veramente? Scegliere un ambiente lavorativo e delle relazioni che ci aiutano ad esprimere al meglio i nostri valori è indispensabile per essere al nostro meglio.

Prova a analizzare se la tua vita è allineata, anzi, guidata dai tuoi Valori. Mi aspetto che la maggior parte dei lettori ammetta di no. Se invece sei convinto di onorare i tuoi valori, vorrei chiederti di fare un piccolo esercizio. Prendi carta e penna, dividi il foglio di carta a metà sul lato verticale e inizia a scrivere a sinistra la lista dei tuoi cinque Valori Autentici fondamentali, possibilmente in ordine di importanza. Poi sul lato destro disegna una tabella dove metterai sulle righe l'elenco dei tuoi ruoli nella vita (imprenditore, manager, impiegato, padre, figlio, marito, amico, ecc.) e sulle colonne i cinque Valori individuati. Per ogni ruolo che giochi nella vita, prova a scrivere la percentuale del tempo in cui senti di onorare profondamente i tuoi Valori. Non intendo soltanto i momenti in cui sei impegnato a "fare" quell'attività che rappresenta il tuo Valore ma il tempo durante il quale nulla e nessuno si frappone tra te e i tuoi Valori, in cui ti senti completamente integro, naturalmente te stesso.

### Esercizio.

1. Inizia a leggere la lista dei Valori Autentici nelle pagine precedenti e seleziona 10 Valori a cui ti senti naturalmente attratto.
2. Ora rileggi la tua lista personale e elimina tutti i bisogni e i "dovrei":
   i. Se ne hai bisogno per essere felice, è un bisogno e non un Valore;
   ii. Se lo vuoi ma non ti viene in modo naturale, probabilmente è un "dovrei"
   iii. Se lo facevi anche a 8 anni, probabilmente è un valore;

iv. Se è veramente eccitante per te e ne hai quasi paura, probabilmente è un valore.

3. Scegli 4 dei Valori chiave che sono rimasti nella tua lista e scrivi 10 piccoli o grandi cambiamenti da fare affinché ogni valore sia espresso nella tua vita (i cambiamenti devono poter essere fatti entro 90 giorni). Se per esempio il Valore che hai scelto è "Contribuire" potresti includere nella tua lista dei cambiamenti:

   i. Rinunciare a progetti che non ti permettono di contribuire;

   ii. Scegliere tre amici e decidere 3 azioni per contribuire al loro successo o felicità

   iii. Insegnare quello che sai ad un gruppo di persone;

   iv. Smettere di tollerare quelle circostanze che diminuiscono il tuo desiderio di contribuire;

   v. Chiedi al tuo migliore amico quale potrebbe essere un obiettivo per te che ti consenta di contribuire;

   Fai lo stesso esercizio per tutti e 4 i tuoi Valori chiave.

4. Onora i tuoi valori. Questo significa non solo dare spazio al tuo valore, ma creare e vivere la tua vita in un modo in cui non ci siano ostacoli tra te e i tuoi Valori. Significa scegliere di essere sempre in integrità, libero da condizionamenti e da comportamenti compulsivi, arrivare a soddisfare tutti i bisogni personali, risolvere eventuali conflitti irrisolti del passato, avere una comunità intorno a te che ti supporta.

   Chiediti: "Come sto onorando i miei Valori? Cosa sto facendo nella mia vita per permettere ai miei Valori di esprimersi liberamente?" Scrivi 5 cose specifiche che stai facendo che onorano i tuoi valori

5. Seleziona o crea un progetto che esprima completamente il tuo valore. Sempre continuando con l'esempio del "contribuire", crea un progetto che ti permetta di contribuire enormemente. Fai in modo che il progetto sia grande abbastanza per richiedere la tua attenzione per almeno 3 o 6 mesi:

    i. Crea un'associazione no-profit per contribuire a risolvere alcuni mali sociali;

    ii. Crea un programma di formazione all'interno della tua azienda su un'area specifica;

    iii. Seleziona un progetto di un tuo familiare a cui puoi contribuire.

    iv. Aiuta 20 persone a raggiungere i loro obiettivi.

6. Riorganizza la tua vita attorno ai tuoi 4 Valori chiave. Ora si gioca pesante. Potresti dover affrontare diverse fasi e agire in diversi modi per raggiungere questo allineamento:

    i. Verificare le tue priorità;

    ii. Cambiare lavoro/azienda;

    iii. Smettere di tollerare;

    iv. Cessare di rispondere alle aspettative di altri;

    v. Creare una comunità di persone che ti sostenga;

    vi. Vivere in un'altra zona o in un'altra città.

Descrivi, per ogni Valore, le fasi necessarie per riorganizzare la tua vita attorno al Valore scelto. Successivamente, barra la casella sulla destra di ogni fase ogni qual volta l'hai completata.

Valore n. 1: _____

Fasi:

    a. _____ ☐

    b. _____ ☐

    c. _____ ☐

    d. _____ ☐

    e. _____ ☐

    f. _____ ☐

Valore n. 2: _____

Fasi:

    a. _____ ☐

    b. _____ ☐

    c. _____ ☐

d. _____ ☐
e. _____ ☐
f. _____ ☐

Valore n. 3: _____
Fasi:

a. _____ ☐
b. _____ ☐
c. _____ ☐
d. _____ ☐
e. _____ ☐
f. _____ ☐

Valore n. 4: _____
Fasi:

a. _____ ☐
b. _____ ☐
c. _____ ☐
d. _____ ☐
e. _____ ☐
f. _____ ☐

Questo esercizio può richiedere da alcuni mesi ai due anni. Non avere fretta di agire per riacquisire i tuoi Valori, vedrai che quando sarai pronto, i tuoi Valori ti porteranno naturalmente a prendere le giuste decisioni, invece di essere tu a spingere affinché le cose succedano. Datti tempo. Una volta che avrai identificato i tuoi 4 Valori chiave, i tuoi Bisogni e i tuoi Standard (vedi paragrafo successivo) ed avrai definito la tua Missione (sempre nei paragrafi successivi) le tue priorità ti saranno più chiare e potrai rivedere i tuoi vecchi obiettivi sulla base del tuo nuovo Io Autentico.

**Gli standard**
Gli standard sono quei modelli comportamentali che

coscientemente ci impegniamo ad assumere nei confronti degli altri e di noi stessi solo perché abbiamo deciso di essere un certo tipo di persona. Gli standard non sono comportamenti che decidiamo di assumere perché altri li hanno adottati ed hanno avuto successo, né perché ci sono stati chiesti, né ancora perché adottandoli possiamo ottenere qualcosa. Gli standard sono una scelta personale e devono riflettere ciò che siamo veramente, nel profondo.

Ognuno di noi ha (a volte non consapevolmente) adottato degli standard di base, come: essere onesti, pagare i debiti in tempo, aiutare gli altri, essere comprensivi con i figli.

*Luisa (41 anni) ha creato una piccola azienda qualche anno fa ed ha sempre faticato a rimanere in attivo e a produrre ricavi. E' single da qualche anno e non riesce a trovare la persona giusta. Ha molte conoscenze, persone anche interessanti, con cui però non riesce a stabilire dei rapporti più profondi, mentre si trova sempre più spesso a discutere con gli amici storici, quelli con cui è cresciuta. Luisa non ha degli standard molto elevati.*

*Le succede spesso di concordare appuntamenti e di doverli spostare per altri impegni presi in precedenza. Arriva spesso in ritardo, non riconosce la sua responsabilità in alcune situazioni e tende ad incolpare gli altri. Ha decine di progetti in sospeso perché le manca sempre il tempo o l'entusiasmo per concluderli. Spesso i suoi fornitori devono sollecitarla più volte per ottenere il pagamento delle loro fatture.*

*Tende a fare promesse che non riesce a mantenere (terminare un lavoro in tempo, aiutare qualcuno, prendersi carico di un compito, ecc.). Quando Luisa ha iniziato a lavorare sui suoi standard all'inizio rimane sorpresa di quanto i suoi comportamenti stiano minando non solo la stima che ha verso se stessa ma anche la fiducia ed il rispetto che potrebbe ottenere dagli altri.*

Quali sono i vostri Standard di base?

**I miei Standard di comportamento:**

1. _____

2. _____

3: _____

4. _____

5. _____

6. _____

7. _____

8. _____

9. _____

10. _____

Quello che ti sfido a fare è di innalzare il livello dei tuoi Standard al massimo. E' un esercizio molto motivante e ti farà sentire bene con te stesso e gli altri. Non solo, le persone che hanno definito degli Standard molto alti riescono ad attrarre a sé altre persone con Standard simili e ad allontanare persone che invece hanno Standard insufficienti e che quindi sono spesso fonte di problemi.

Prendiamo ad esempio uno Standard che credo sia condiviso dalla maggior parte di noi: "essere una persona onesta". La quasi totalità delle persone crede di rispettare questo Standard. Ma quante volte, pur definendoci persone oneste, abbiamo approfittato della buona fede altrui, abbiamo omesso di far presente ad un negoziante che ci ha dato un resto troppo alto, ci siamo appropriati di qualcosa che non ci apparteneva, abbiamo nascosto una verità che poteva compromettere un affare? Se siamo troppo generici nella descrizione di uno Standard renderemo possibili delle "deroghe" e non lo rispetteremo sempre e fino in fondo, nonostante le conseguenze.

Come è possibile elevare uno Standard di base che abbiamo già adottato? La prima cosa da fare è quella di descrivere il nostro Standard con maggiore precisione e di connotarlo in modo da renderlo assoluto. Nel momento in cui vogliamo elevare lo Standard "Essere onesto", possiamo descriverlo nei seguenti modi:

*Io sono una persona che si comporta in modo onesto in ogni circostanza;*

*Non approfitto mai della buona fede delle persone;*

*Quando effettuo una negoziazione metto sul tavolo qualsiasi elemento, positivo o negativo, che possa influire sul risultato.*

Alcuni esempi di standard elevati possono essere:

- Sono una persona che onora sempre la sua parola;
- Rispetto gli altri sempre, a prescindere dal loro ceto, razza, situazione, religione;
- Dico sempre la verità, anche se ci sono conseguenze;
- Sono sempre costruttivo verso gli altri;
- Metto sempre le persone davanti ai risultati;
- Sono generoso in qualsiasi occasione;
- Non faccio mai promesse se ho il minimo dubbio di non poterle rispettare.

Se vogliamo elevare i nostri Standard, dobbiamo farlo nel momento in cui siamo in grado di rispettarli. Elevare un particolare standard quando non ne abbiamo mai avuto uno di base, ad esempio, potrebbe costarci troppa fatica e quindi demotivarci. Se non siamo mai stati generosi, non possiamo definire uno standard elevato come "Essere sempre generoso in qualsiasi occasione". Il salto comportamentale che stiamo chiedendo a noi stessi è troppo ampio.

Ci sono molti modi in cui possiamo essere generosi. Fare dei regali o offrire un caffè o una cena è solo un aspetto. Possiamo essere generosi nel modo in cui concediamo il nostro tempo agli altri, nel modo in cui mettiamo a disposizione delle nostre risorse a chi ne può aver bisogno, nel modo in cui facciamo sentire gli altri a proprio agio nella nostra casa. Il primo passo per costruire uno standard di generosità potrebbe essere quello di cominciare a definire che vogliamo "Concedere tutto il tempo che possiamo quando una persona che amiamo ha bisogno di noi".

Quando saremo pronti, poi, potremmo elevare questo standard ed allargarlo ad altre situazioni. Non possiamo dunque definire che tipo di persona vogliamo essere come se fosse una forzatura. Dobbiamo sentire intimamente che siamo pronti a fare un "upgrade" del nostro sistema operativo ed essere coscienti che questo upgrade ci farà sentire meglio con noi stessi e con gli altri.

Un esercizio che spesso suggerisco di fare ai miei clienti per cercare di identificare quegli Standard che desideriamo ci appartengano, e che ho liberamente adattato da Stephen Covey, autore di "7 habits of highly successfull people", è quello di immaginare di dover partire per una spedizione in Nuova Zelanda che durerà venti anni, e di dare una festa per salutare amici, parenti e colleghi. Immaginati nella situazione. Sei alla tua festa di addio e tutti sono consapevoli che probabilmente non avrete più occasione di rivedervi. La festa è allegra, sebbene i tuoi invitati manifestino una lieve malinconia per il fatto di doversi separare da te. Immagina di poter leggere nel pensiero della gente ed avvicinati agli ospiti ad uno ad uno per capire cosa significa per loro non avere più la tua presenza.

Quale ricordo vuoi che tua madre, tua moglie, tuo figlio, il tuo miglior amico, il tuo capo, il tuo collega, portino sempre con sé? Vuoi che tuo figlio pensi che non eri mai presente nelle tappe importanti della sua vita? Oppure che hai preteso il rispetto da lui quando non ne hai mostrato nei suoi confronti? Vuoi che tua madre ti ricordi come un figlio avaro e superficiale? Vuoi che il tuo collega pensi che ciò che hai lasciato è soltanto un posto libero nella scrivania accanto?

Prova a scrivere, per ogni figura rilevante della tua vita ma anche per altre figure meno determinanti (come ad esempio i tuoi fornitori, i tuoi condomini, i soci del tuo circolo di tennis, eccetera), cosa vuoi lasciar loro come impronta della tua presenza nelle loro vite. A partire da questa lista, inizia a definire i tuoi Standard minimi e poi raddoppiali, triplicali, decuplicali.

Come vorrei che mi ricordassero:

I miei genitori:_____

Mia moglie/mio marito: _____

Mio figlio: _____

Il mio capo: _____

I miei colleghi: _____

I miei amici: _____

I miei vicini: _____

..................: _____

..................: _____

Quali Standard voglio adottare?

Con i miei genitori:_____

Con mia moglie/mio marito: _____

Con mio figlio: _____

Con il mio capo: _____

Con i miei colleghi: _____

Con i miei amici: _____

Con i miei vicini: _____

Con ..................: _____

Con ..................: _____

Un altro suggerimento è quello di pensare a 4 (o più) persone che hai profondamente stimato nella vita, che hanno avuto un impatto molto importante nella tua crescita personale o professionale. Che tipo di Standard hanno? Come si relazionano con gli altri? Come affrontano le situazioni difficili? Su cosa non passerebbero mai sopra? Cosa ti aspetteresti da loro se avessi bisogno di aiuto, se dovessi risolvere un problema, se rimanessi da solo nel deserto, se...?

Possiamo definire degli standard specifici per situazioni diverse o, meglio, per i diversi ambiti della nostra vita o persino per i diversi ruoli che ricopriamo: famiglia, amici, lavoro oppure figlio, padre, amico, datore di lavoro, manager, ecc.

L'unica cosa importante è che gli Standard siano coerenti con i nostri Valori e con i nostri Bisogni. Sarebbe infatti poco credibile e apprezzabile se il valore, ad esempio, della creatività sia chiave per la nostra realizzazione personale e invece noi non permettessimo e a chi ci sta intorno di esprimere la propria creatività.

Il modo più salutare per innalzare i nostri Standard è quello di riconoscere quando è il momento giusto, il momento cioè quando noi siamo pronti per loro e loro sono pronti per noi. Insistere per raggiungere uno standard è sbagliato, è come se volessimo attrarlo a noi invece che arrivarci in modo naturale. Affinché il processo di elevazione degli Standard avvenga in modo naturale possiamo anche lavorare più a fondo sulle altre aree del nostro Io Autentico e cioè sui nostri Bisogni e sui nostri Valori.

Dobbiamo anche ricordare che nel momento in cui definiamo uno Standard e decidiamo di onorarlo, non dobbiamo per questo ostentarlo, usarlo come arma verso gli altri oppure come un modo per sentirci migliori di quello che siamo. Gli Standard sono una nostra scelta personale e sono una misura di quello che siamo. Ciò che può aiutarci a mantenere elevati i nostri Standard è lo sviluppo di rapporti di amicizia e di lavoro con persone i cui Standard sono ammirevoli.

Adottare degli Standard di comportamento elevati è molto importante. Prima di tutto diventiamo veramente noi stessi, cioè esprimiamo il meglio della nostra personalità. Inoltre avere degli Standard elevati contribuisce ad allontanare tutto ciò che consideriamo indesiderato e a tollerare meno in modo più naturale.

**Esercizio**

A. Definisci 5 standard che descrivano il modo in cui ti relazioni con gli altri (amici, famiglia). Alcuni esempi possono essere:

- sono una persona che ha un impatto positivo su chiunque venga a contatto con me;
- sono una persona che si rende responsabile di qualsiasi cosa le accade intorno.

Con gli altri sono una persona che:

1. _____

2. _____

3. _____

4 _____

5. _____

B. Definisci 5 standard che descrivano il modo in cui ti relazioni sul posto di lavoro (con colleghi, sottoposti, il capo, i fornitori, i clienti). Alcuni esempi possono essere:

- Sono un collega che in nessuna circostanza trae vantaggio da un problema altrui.
- Sono un capo che comunica sempre in modo costruttivo e non fa mai una critica aperta.

Sul lavoro sono una persona che:

1. _____

2. _____

3. _____

4. _____

5. _____

**La Missione**

Ora che abbiamo lavorato sui Valori, sui Bisogni e sugli Standard, siamo più coscienti di quello che per noi ha importanza nella vita, di come vogliamo contribuire alla crescita nostra e degli altri intorno a noi, di come vogliamo essere percepiti, di quello che vogliamo raggiungere.

Durante il lavoro che abbiamo fatto ci siamo resi conto che alcuni dei nostri comportamenti, alcuni dei punti di riferimento della nostra vita non erano allineati con il nostri più profondi Valori, erano incongruenti. E siccome abbiamo imparato ad essere sempre responsabili di ciò che ci accade continuamente, sappiamo che possiamo ridefinire i nostri principi, i nostri Valori e i nostri Standard.

Immaginiamo che io stia guidando un team di persone che devono completare con successo un progetto e che tendo a reagire negativamente agli errori dei miei sottoposti. Immaginiamo che a causa di una disattenzione uno di loro abbia inviato un rapporto contenente parecchi refusi e imprecisioni all'Amministratore Delegato. Quando ricevo una nota dall'Amministratore Delegato che mi sottolinea il lavoro scadente che è stato fatto dal mio team sotto la mia responsabilità, sento già una forte tensione. La mia attenzione non ricade sulla crescita a lungo termine dei miei collaboratori e, in finale, sul completamento del progetto, ma sul singolo errore fatto. Probabilmente chiamerò la persona nel mio ufficio e usando tutta l'autorità fornitami dalla mia posizione lo accuserei di inettitudine e determinerei per lui una punizione. Mi sentirei poi soddisfatta per aver punito l'errore e per aver fatto capire all'intero staff che in questo ufficio gli errori non sono ammessi. Però se penso all'esercizio descritto in precedenza, quello in cui dobbiamo immaginare di trasferirci per venti anni all'estero e ripenso a cosa vorrei lasciare ai miei collaboratori capisco che ho messo a repentaglio il mio proposito. Non solo, avrò creato delle sensazioni di tale rabbia e rancore che quella persona (e probabilmente il resto del team) si vendicherà alla prima occasione e sicuramente non avrà più fiducia in me.

Mi rendo conto che quello che veramente voglio è che i miei collaboratori mi ricordino come un capo saggio che ha saputo insegnare, delegare ed ascoltare. Vorrei che ognuno di loro mi ricordasse tra vent'anni con un sentimento di gratitudine per il modo in cui ho consentito loro di crescere professionalmente e di assumersi progressivamente dei rischi. Vorrei che loro ricordassero che li ho sempre sostenuti e incoraggiati, che ho saputo ascoltare e valutare le loro idee, che ho difeso i loro errori, che li ho rispettati e che li ho spinti ad innovare. La ragione per cui vorrei tutto questo è che io do grande valore alle persone che lavorano con me e do anche grande valore al compito di un manager di sviluppare i propri collaboratori. Sono in grado di rendermi conto e quindi sono in grado di esaminare i miei Valori più grandi e riconoscere quando il mio comportamento non è in armonia con loro, ma è il risultato delle mie paure, dei miei bisogni e delle mie insicurezze. E sono in grado di cambiare.

Per cambiare devo propormi di valutare il mio ruolo di leader (ma anche tutti gli altri ruoli che ho nella vita) in relazione ai miei Valori. Vuol dire essere responsabile per la ridefinizione della mia vita e quindi dei miei comportamenti e delle mie esigenze, sempre in linea con principi corretti. Significa anche avere ogni giorno chiari i miei Valori in modo che possa prendere le mie decisioni basandomi su essi e agire in integrità. Non devo reagire alle circostanze o alle mie reazioni emotive.

Il modo migliore per rimanere in integrità è quello di definire la nostra Missione (alcuni la chiamano "filosofia", altri "credo", ma il concetto è lo stesso). La Missione è il nostro scopo di vita, e si focalizza su ciò che vogliamo essere e ciò che vogliamo fare, in relazione ai nostri Valori, ai nostri Standard e ai nostri Bisogni. E' una specie di nostra costituzione interiore. Nonostante il passare degli anni ed i cambiamenti che subiamo, la Missione (così come la costituzione) rimane un nostro punto fermo. Deve poter valere per sempre, senza necessità di doverla cambiare. Certo, deve essere possibile poterla aggiornare con qualche elemento che col passare del tempo riflette meglio la nostra situazione, ma il cuore della nostra Missione rimane lo stesso.

La Missione deve rappresentare una guida per la nostra vita: tutte le nostre decisioni ed i nostri comportamenti devono poter riflettere ed onorare questo documento che contiene una serie di affermazioni che definiscono ciò che siamo, ciò che valiamo, ciò che per noi è importante e ciò che sintetizza quello che noi vogliamo da noi stessi e dalla vita. Rappresenta la mappa che ci fornisce la giusta direzione per definire i nostri obiettivi a breve e lungo termine. In qualche modo definisce il perché stiamo su questa terra e quale impronta vogliamo dare alla nostra vita.

Ci sono innumerevoli modi per scrivere la nostra Missione. Alcuni, per comodità, la dividono in paragrafi. Per altri la Missione è una lista. Per altri ancora è una specie di racconto. Molti la mettono in relazione ad ogni ruolo che occupano nella vita (madre, moglie, imprenditrice, amica, ecc.). Ma la Missione non è qualcosa che può essere scritto in quattro e quattr'otto. Sono necessari una profonda introspezione, un'attenta analisi, le giuste parole ed un lavoro di scrittura, correzione e riscrittura prima che la Missione prenda la sua forma finale.

Scrivere la propria Missione è un processo importante perché ci costringe a pensare accuratamente alle nostre priorità e ad allineare il nostri Valori ai nostri comportamenti. Più andremo avanti e più ci accorgeremo (e se ne accorgeranno anche le persone che ci stanno vicino) che non siamo guidati dalle circostanze esterne o dalle aspettative di altri. Abbiamo un senso del nostro scopo nella vita e di come vogliamo raggiungerlo. Prova a scrivere la tua Missione nelle righe di seguito:

La mia Missione:

_____

_____

_____

_____

_____

_____

_____

_____

_____

_____

_____

# 5. COME DIRE DI NO ED ESSERE APPREZZATI ANCORA DI PIÙ

### Identifichiamo cosa stiamo tollerando

Siamo abituati a tollerare moltissime cose. Ci viene insegnato che la vita è dura, che dobbiamo cercare di andare d'accordo con gli altri, che dobbiamo essere comprensivi, che non dobbiamo lamentarci.

Una serie di legami affettivi ci costringono a tollerare piccoli ricatti psicologici sui quali sorvoliamo per quieto vivere o per non offendere, sul lavoro siamo vittime di richieste inappropriate ma rifiutarle ci sembra possa compromettere la nostra carriera. Sopportiamo che i nostri amici facciano delle battute spiritose riguardo una nostra disavventura ma lasciamo correre per non dover discutere. Sopportiamo di essere serviti male al ristorante perché siamo in compagnia e non vogliamo fare scenate.

Sopportare non è sempre necessario. Ogni volta che sopportiamo qualcosa veniamo trattenuti dal raggiungere quello che vogliamo ottenere dalla vita. Ogni volta che tolleriamo qualcosa è come se sprecassimo la nostra energia e il nostro tempo, cercando di gestire delle situazioni che come principio non dovrebbero proprio accadere. Inoltre ogni volta è un attacco alla nostra autostima.

Quando invece smettiamo di tollerare, il tempo e l'energia che risparmiamo possiamo utilizzarli per migliorare la nostra qualità di vita e per avanzare su una ipotetica scala di evoluzione personale. Avremo meno distrazioni e meno momenti di ansietà, potremo fare un upgrade della comunità di persone che ci stanno attorno, trascorrendo il nostro tempo con persone meno "bisognose" di noi e più soddisfatte.

Potremo essere dei modelli per la nostra famiglia e il nostro circolo di conoscenze, mostrando loro che è possibile dire di no. Infine, potremo dire di "si" a quello che per noi è più importante e più appagante.

Prima di iniziare a esplorare in quanti modi possiamo dire di no e essere ancora più apprezzati è necessario fare un inventario di ciò che stiamo tollerando e a cui vogliamo dire di no.

### La tua casa e la tua famiglia
Fai una lista di ciò che stai tollerando nella tua casa e con la tua famiglia, anche se al momento non ne vedi una soluzione.
1) _____ ☐
2) _____ ☐
3) _____ ☐
4) _____ ☐
5) _____ ☐

### I tuoi amici
Anche qui, fai una lista delle 5 cose che stai tollerando maggiormente.
1) _____ ☐
2) _____ ☐
3) _____ ☐

4) _____ ☐
5) _____ ☐

### *Sul lavoro*

Cosa è che sopporti dal tuo capo, dai tuoi colleghi, dai tuoi clienti, dai tuoi fornitori? Annota le 5 cose più importanti che tolleri.

1) _____ ☐
2) _____ ☐
3) _____ ☐
4) _____ ☐
5) _____ ☐

### *Altre occasioni sociali*

Scrivi la lista di ciò che sopporti di più in altre aree della tua sfera sociale (ad esempio le insistenze di un venditore, il cattivo servizio nei ristoranti, le obiezioni di chi ha fatto in modo superficiale una riparazione al tuo impianto di aria condizionata, eccetera).

1) _____ ☐
2) _____ ☐
3) _____ ☐
4) _____ ☐
5) _____ ☐

Mano a mano che andrai avanti nel capitolo ed affronterai i vari modi per dire di "no", torna su questa lista e, dopo aver scelto l'approccio che preferisci, inizia a gestire e ad eliminare ogni punto dell'elenco che hai stilato. Ogni volta che elimini qualcosa che tolleri, barra la casella che trovi alla fine della riga.

### Gli scudi difensivi.

Abbiamo definito il nostro Io Autentico e continueremo a lavorare per rafforzarlo. Gli scudi difensivi servono a difendere il nostro Io Autentico dalle intrusioni o violazioni degli altri.

La prima volta che ho sentito parlare di definire i propri scudi difensivi ho pensato che rappresentassero un modo rude di trattare le persone. In fondo le persone non ci sono attorno per supportarci ed aiutarci? Qualche anno dopo ho finalmente capito (a mie spese) che la gente è meravigliosa ma molte persone si relazionano alle altre solo per soddisfare i propri bisogni di base. E, agendo in questo modo, non hanno il livello di rispetto che io assumo debbano avere verso il prossimo.

Quindi ho sentito riparlare di questa idea di rinforzare gli scudi difensivi mentre ero in una conference call con alcuni coach americani (loro li chiamano "confini"). Qualcuno mi ha spiegato che gli scudi sono barriere immaginarie che mettiamo in piedi per definire cosa non tolleriamo dagli altri e per avere lo spazio di esprimere i nostri sentimenti, conoscere a fondo noi stessi senza rimanerne feriti. Ho cominciato a capire. Ho cercato quindi di essere più centrata su me stessa (essere centrati su di sé è una cosa positiva; al contrario, essere egoisti, ha sempre impatti limitanti nelle relazioni interpersonali) e di definire un paio di scudi difensivi che lasciassero sviluppare la mia sensibilità e attrarmi verso persone con lo stesso apprezzamento verso la gentilezza, l'amore e la creatività.

La conclusione che ho tratto è che gli scudi sono passi necessari per avere cura di sé, per l'auto-sviluppo e che senza di essi difficilmente una persona può diventare straordinaria.

Gli scudi rappresentano idealmente la linea di confine tra noi e gli altri. All'interno di questa linea di confine immaginaria ci siamo noi e la nostra unicità e al di fuori di essa ci sono gli altri. Grazie agli scudi noi siamo delle persone differenti e separate dalle altre. Gli scudi ci aiutano a definire cosa permettiamo o meno agli altri di farci o dirci.

L'ampiezza dei nostri scudi (vedi figura 1 e figura 2 della

pagina seguente) dipende da tantissimi fattori, come il contesto, il tipo di relazione che abbiamo con ogni singola persona, il nostro status e quello del nostro interlocutore.

In un matrimonio, il livello di intimità è enormemente più profondo di un rapporto tra vicini di casa.

Allo stesso modo la vicinanza che stabiliamo tra noi e la nostra famiglia sarà ben diversa da quella con cui ci relazioniamo con il nostro amministratore delegato.

Figura 1

Figura 2

Virtualmente con ogni persona che conosciamo potremmo stabilire degli scudi diversi, più o meno ampi. Da mio marito accetto dei commenti che non accetterei da nessun altro. Con un'amica posso sentirmi libera di confidare quanto di più intimo esiste. Da un conoscente accetto solo un certo tipo di conversazioni. Per ognuno è differente.

La violazione degli scudi accade quando qualcuno ignora la nostra linea immaginaria e commette un intrusione nel nostro spazio. Un contatto o un commento inappropriato è una violazione dei nostri scudi, così come un tentativo di controllo dei nostri pensieri o delle nostre azioni da parte di qualcuno.

Gli scudi difendono il nostro Io Autentico, che è fatto dei nostri Valori, delle nostre idee, dei nostri Standard, dei nostri desideri, dei nostri sentimenti, e qualsiasi intrusione può essere una minaccia al nostro Io. Cosa è che minaccia il nostro Io? La derisione, il sarcasmo, la violenza (anche verbale), lo scherno, l'arbitrarietà, l'insistenza sul conformarsi a regole altrui, le minacce velate, la manipolazione, le richieste inaccettabili, qualsiasi tipo di abuso. Quello che invece rafforza i nostri scudi è rappresentato dal diritto di dire di no; dalla libertà di dire di si; dall'accettazione delle differenze; dalla libera espressione; dal supporto ai nostri processi personali.

L'effetto che le intrusioni hanno su di noi possono essere pesanti. Immaginiamo l'effetto che avrebbe se facessimo finta di essere differenti da ciò che siamo. Pensate sia una esagerazione? Se ci forziamo a ridere per una barzelletta spinta che ci offende, se tolleriamo che qualsiasi persona possa aggredirci per affermare le sue idee, se lasciamo che una persona cara ci faccia un commento pesante che ci dispiace, come ci fa sentire?

Di seguito, alcuni esempi di come potremmo negare il nostro Io Autentico e indebolire i nostri scudi:

- Fare finta di essere d'accordo quando non lo siamo;
- nascondere i nostri veri sentimenti ("non mi sono offeso" quando invece ci sentiamo terribilmente offesi);
- Accettare di partecipare ad una attività che non vogliamo fare e nascondere quello che vogliamo realmente ("Per me va bene andare a vedere The Expendables – I mercenari" quando preferirei fare una passeggiata);
- Lavorare troppo;
- Fare troppo per gli altri;
- Ignorare i nostri bisogni;
- Acconsentire a mangiare cibi non salutari;
- Far finta di accettare le critiche quando ci fanno star male;
- Accettare di essere coinvolti nei pettegolezzi;
- Permettere a qualcuno di offenderci;
- Permettere a qualcuno di alzare la voce con noi;

- Permettere agli altri di non rispettarci;
- e via dicendo.

Quando i nostri scudi difensivi sono deboli ci capita di attrarre persone che non ci rispettano oppure che hanno dei bisogni che non riescono a soddisfare. Inoltre siamo costretti ad investire un'incredibile energia per andare avanti nella nostra vita. Ogni violazione ai nostri scudi difensivi è anche un attacco alla nostra autostima.

Imparare quanti scudi definire e quanto ampi questi devono essere per difendere il proprio Io Autentico è una questione di sperimentazione personale. Generalmente le persone non stabiliscono dei confini molto ampi. Quello che io generalmente suggerisco è di verificare gli scudi che sono stati adottati finora e poi di ampliarli e immetterne dei nuovi.

Alcuni esempi di scudi:

1. Nessuno può alzare la voce con me.
2. Devono essere tutti sinceri con me. Niente bugie.
3. Le persone non devono ferirmi o darmi frecciate, sia che lo facciano apertamente o in modo subdolo.
4. Non permetto che si facciano pettegolezzi su altri davanti a me.
5. Nessuno può prendermi qualcosa senza prima chiedere il permesso.
6. I miei capi non possono darmi per scontato. Devo essere apprezzato.
7. Nessuno può costringermi con ricatti psicologici (ad esempio facendomi venire dei sensi di colpa) a fare ciò che non voglio.
8. Nessuno deve rovesciarmi addosso tutti i suoi problemi.
9. Le persone attorno a me devono essere di buon umore.

Il processo di definizione ed implementazione degli scudi prevede una serie di passi:

1) Decidi quali comportamenti degli altri ritieni accettabili e

quali ritieni inaccettabili. Solo tu stesso puoi capire cosa è ok e cosa non lo è. Inizia a pensare a quali comportamenti sono assolutamente inaccettabili per te.

Comportamenti inaccettabili:

_____

_____

_____

_____

2) Poi ti chiedo di andare un pochino oltre: cosa è che ritieni marginalmente accettabile? Cerca di essere specifico. Il punto qui è quello di mettere in piedi più scudi di quelli che ritieni assolutamente necessari. Ad esempio

*Scudo di base:* nessuno può colpirmi (picchiarmi)

*Scudi ulteriori:* nessuno può alzare la voce con me; nessuno deve fare dei gesti aggressivi nei miei confronti.

*Scudo di base:* nessuno può approfittarsi di me.

*Scudi ulteriori:* nessuno può costringermi a fare cose che non voglio appellandosi al mio senso del dovere; nessun amico può usarmi solo some valvola di sfogo dei suoi problemi; i miei colleghi non possono riversare su di me il lavoro che non riescono a completare.

Ora fai una lista dei comportamenti marginalmente accettabili:

_____

_____

_____

Ora, per ognuno dei precedenti comportamenti, definisci quali scudi ulteriori puoi creare:

_____

_____

_____

_____

3) Fai una lista di almeno 10 scudi protettivi (sia quelli già esistenti che hai deciso di ampliare, sia i nuovi scudi).

1. _____
2. _____
3. _____
4. _____
5. _____
6. _____
7. _____
8. _____
9. _____
10. _____

Ora che hai tracciato la linea immaginaria che l'insieme dei tuoi scudi costituiscono, ora si tratta di avere un piano d'azione per rispondere a coloro che violano i tuoi scudi. Questo è il passo successivo.

4) Inizia ad anticipare quando qualcuno sta per mostrare un comportamento non accettabile nei tuoi confronti. Così come le vedette indagano l'orizzonte in attesa degli uomini cattivi per poter tirar su il ponte levatoio del castello, così tu devi sviluppare una sensibilità per percepire il pericolo di una violazione dei tuoi scudi prima ancora che avvenga. Quali sono i primi segnali di allarme che possono essere il segnale di una possibile intrusione nei tuoi scudi? Fai una lista dei segnali di allarme. L'idea è di fermare i comportamenti che hai deciso di non tollerare prima che accadano: molte situazioni sono prevedibili se hai deciso di impegnarti a trattarti bene.

5) Cerca di essere costruttivo, in un primo momento. Puoi proteggerti e allo stesso tempo offrire un contributo all'altra persona e permetterle di capire come deve comportarsi con te. Puoi dire cose come:
- "Sai, sono particolarmente sensibile alle persone che

alzano la voce con me. Potresti parlare in modo più pacato?"
- "Non sono in grado di starti vicino quando sei arrabbiato. Voglio realmente passare più tempo con te e ti voglio molto bene, ma spero tu capisca che ho bisogno di uscire dalla stanza quando sei infuriato."
- (quando un'amica inizia a spettegolare del suo fidanzato con il quale si è lasciata, puoi interrompere dicendo qualcosa come..) "...Anna, sei tu la persona che mi interessa. Dimmi come ti senti tu...." Anna capirà il messaggio.

6) Assumere un approccio deciso. A volte il nostro interlocutore è così preso dalle sue cose da essere incapace di ascoltare la tua richiesta costruttiva di fare un passo indietro. Assumendo che vuoi mettere te stesso prima di ogni altra cosa, questi sono alcuni esempi decisi per proteggere il tuo Io Autentico. E sii cosciente che potresti potenzialmente perdere un'amicizia o una relazione se li userai.
- "Marco, basta così. Non accetto che tu mi dica una cosa simile!" (continua finché la persona non accetta di cambiare);
- "Antonella, io non posso più passare del tempo con te, perché ogni volta che ti parlo di ciò che a me importa di più tu cambi argomento e ignori come mi sento."
- "Antonio, non sono più disposta ad aiutarti se continui a criticarmi."
Se ti accorgi di non sopportare più un comportamento di qualcuno, cerca prima di capire se non hai agito abbastanza in anticipo. Poi, fai la più grande richiesta che puoi alla persona per fare in modo che ti tratti esattamente come vorresti. Non cercare di comprendere se sarà in grado di fare ciò che gli chiedi. Chiedi (o pretendilo) e basta. Se ti vuole bene a sufficienza, la

persona accetterà e cambierà il suo comportamento di conseguenza. Se non sembra capire o se non sembra accettare allora è meglio lasciar perdere la relazione con la persona finché non sarà in grado di comportarsi come tu vuoi.

7) Estendi i tuoi scudi senza pensare alle conseguenze. Soltanto tu puoi proteggere il tuo Io Autentico. Generalmente questo richiede che tu faccia o dica qualcosa, oppure che tu smetta un comportamento. Iniziare a trattarti bene facendo rispettare i tuoi scudi è un risultato più importante e più duraturo di una probabile conseguenza temporanea dovuta alla difesa del tuo spazio. Fai una lista delle eventuali conseguenze in cui potresti incappare.

E' molto importante che tu non permetta violazioni dei tuoi scudi. Se i tuoi scudi al momento sono deboli o insufficienti, ti troverai di fronte probabilmente a parecchi tentativi di intrusione. Col tempo, però, attraverso la pratica, gli scudi diventeranno automatici, perché rafforzerai un'attitudine ed un temperamento che gli altri percepiranno. Saranno per lo meno scoraggiati dall'intraprendere comportamenti non desiderati da te.

Quali sono le opzioni che hai a disposizione quando qualcuno oltrepassa i tuoi scudi? Essenzialmente sei:

- Puoi informare: "Ti stai rendendo conto che stai alzando la voce?" (sottintendendo che questo ti sta facendo del male)
- Puoi fare una richiesta: "Vorrei che tu mi ringraziassi per averti aiutato ad affrontare le tue difficoltà di lavoro".
- Puoi dare istruzioni: "Ho bisogno che tu non mi tocchi quando sei arrabbiato"
- Puoi avvisare: "Non dovresti rivolgerti a me con quel tono"
- Puoi attaccare: "Smettila. Ti chiedo di smetterla."

- Puoi abbandonare: "Quello che stai dicendo è inaccettabile per me. Sono disposto a risolvere questa cosa con te ma solo quando sarai in grado di affrontarla in modo calmo. Ora me ne vado per proteggermi. Mi dispiace."

8) Torna alla lista dei tuoi scudi e rileggili. Ora fai una lista di 10 situazioni in cui i tuoi scudi sono deboli oppure non riesci a farli rispettare. Accanto ad ognuno di essi, scrivi una possibile soluzione.

SITUAZIONE         SOLUZIONE

1) _____    _____

2) _____    _____

3) _____    _____

4) _____    _____

5) _____    _____

6) _____    _____

7) _____    _____

8) _____    _____

9) _____    _____

10) _____    _____

Alcune idee:

- Un tuo collega ti chiede ogni settimana di fare parte del suo gruppo di lavoro;
- Sei la persona a cui tutti si rivolgono per avere aiuto; ma nessuno sembra essertene grato;
- Ti sei offerto volontario per un compito solo perché nessun altro si è offerto;
- I tuoi collaboratori vengono a presentarti tutti i problemi, invece di presentarti le soluzioni.

9) Ora inizia ad applicare i tuoi scudi. Ogni settimana scegli uno degli scudi che hai definito e annota le tue azioni e reazioni, come previeni o gestisci delle violazioni del tuo Io Autentico ed il risultato finale.

### Inizia ad esercitarti

Specialmente se siamo delle persone che non sono abituate a dire di no, ci sentiremo a disagio nell'esprimere una negazione. La cosa più semplice da fare è quella di iniziare a dire di no in contesti dove nulla di drammatico può accadere, solo a scopo di esercitazione. Quando si inizia una qualsiasi attività mai fatta prima, abbiamo più paura di sbagliare. Se, attraverso la pratica in situazioni che non generano conseguenze negative, iniziamo a collezionare dei piccoli successi, la nostra paura diminuirà.

Possiamo iniziare a dire di no ad un amico che ci propone di andare a vedere un certo film, proponendogliene un altro. Possiamo dire a nostro figlio che non può avere un'altra fetta di torta. Possiamo dire ad un nostro collega che non andremo a pranzo con lui oggi. Possiamo dire a nostra madre che non andremo a trovarla questo week end. Lo scopo è quello di iniziare a provare l'esperienza di dire no in modo efficace.

Più pratica viene fatta, più avremo fiducia nelle nostre capacità. Probabilmente affineremo anche il nostro linguaggio e proveremo ad usare frasi differenti per capire cosa funziona meglio. Inoltre è utile ascoltare gli altri e capire in che modo riescono a dire di no per poter poi riutilizzare quelle frasi di successo che abbiamo sentito.

### La voce e il linguaggio del corpo

Come è già stato sottolineato, è necessario che la nostra voce abbia sempre un tono neutro, gentile e fermo. Dobbiamo evitare che un tono sommesso dia la sensazione che abbiamo poca fiducia in noi stessi. Dall'altra parte non è produttivo dare la sensazione di voler aggredire l'altro, manipolarlo o farlo sentire colpevole. Anche la velocità alla quale parliamo offre dei segnali al nostro interlocutore in quanto indicano se siamo nervosi, aggressivi o se ci sentiamo intimiditi.

Il tono neutro ci aiuta anche a mantenere la conversazione sul binario che vogliamo. Spesso, quando comunichiamo un no, generiamo nell'altra persona una reazione emotiva. Non dobbiamo cadere nella trappola di adeguarci allo stile del nostro interlocutore, ma dobbiamo aiutarlo a mantenere la calma.

Mi capita spesso con i miei clienti, quando hanno affrontato (o stanno per affrontare) dei momenti difficili, che la loro voce subisca un'accelerazione notevole o che il loro tono sia più alto del solito. Se io mantengo la mia voce neutra e una velocità meno serrata, noto come dopo qualche minuto anche loro si "rilassano" e rallentano.

Anche il linguaggio del nostro corpo può influire sul messaggio che stiamo fornendo al nostro interlocutore. Se mentre parliamo alziamo un sopracciglio, la persona si sentirà trattata con sufficienza. Se teniamo le mani in tasca oppure se giochiamo con un oggetto mentre parliamo, daremo la sensazione di essere nervosi. Se non guardiamo la persona in faccia ma soffermiamo il nostro sguardo verso il basso comunicheremo in qualche modo sottomissione.

Ci sono diversi libri e corsi per imparare a gestire meglio la voce e il linguaggio del corpo (vengono generalmente chiamati "di comunicazione efficace"). Consiglio di seguire uno di questi corsi se pensate di non riuscire a gestire in modo corretto la vostra voce ed il vostro corpo.

### Cosa evitare

La prima cosa da evitare è quella di diventare egoisti a tutto campo. Dire di no viene compreso più facilmente e magari apprezzato quando viene espresso in un contesto di generosità. Cioè quando noi abbiamo costantemente la capacità di essere di sostegno e siamo disponibili verso la famiglia, gli amici, i colleghi, i figli, il capo.

Se siamo riconosciuti come persone generose i nostri no avranno una maggiore possibilità di essere percepiti in modo positivo. Allo stesso modo, se siamo in grado di riconoscere quello che costantemente facciamo per gli altri e diamo a questo un valore, ci sentiremo noi stessi meno colpevoli quando decidiamo di non tollerare qualcosa.

Il secondo aspetto da evitare è quello di rimanere intrappolati in inutili spiegazioni e giustificazioni del nostro no. I no più efficaci sono quelli semplici, detti in modo gentile ma fermo. Spesso non siamo in grado di dire semplicemente no, ma cerchiamo di darne una spiegazione. Questo è, nella maggior parte delle volte, completamente inutile e anzi, pericoloso. Più informazioni forniamo, più prestiamo il fianco al nostro interlocutore e gli forniamo appigli che possano evitare il nostro rifiuto.

Immaginiamo di dire ad un nostro amico che non possiamo prestargli la macchina domani perché le luci degli stop non funzionano. Il nostro amico potrebbe cercare di aiutarci a risolvere il problema in modo che possiamo accettare la sua richiesta ("Posso prendere la macchina e prima di andare al mio appuntamento posso passare dal meccanico e farti riparare le luci degli stop."). Oppure la nostra spiegazione può apparire debole e l'amico si offenderà. Peggio ancora, il nostro amico potrebbe coglierci in fallo mentre gli diciamo una bugia.

Quando utilizziamo delle formule semplici come "Mi dispiace ma non posso" oppure "No, ho altri progetti per stasera" siamo più chiari ed incisivi. Se la persona insiste nel sapere perché non può ottenere ciò che vuole, non cadete nella trappola di dover dare spiegazioni a chi non può prendere un semplice "No" come risposta. Al contrario, continuare a ripetere, magari con altre parole, esattamente quello che avete detto in prima battuta ("Ho altri progetti" può essere espresso anche con "Ho un impegno improrogabile", "Non sono disponibile quel giorno", "Ho un appuntamento già concordato precedentemente", eccetera). Ricordiamoci sempre che nessuno ha il diritto di forzarci a violare la nostra stessa privacy. Naturalmente non è sempre un errore spiegare la ragione di un nostro no, specialmente se la relazione è stretta. Ma ricordiamoci che mantenere le spiegazioni al minimo e ripetere il nostro no finché è necessario ci pone in una situazione di maggiore forza.

Infine dobbiamo evitare di pensare che un nostro no possa avere conseguenze incredibili. Quante volte ci è stato rifiutato un invito che abbiamo fatto con sincero desiderio? Quante volte abbiamo chiesto un favore che non ci è stato fatto? Quante volte ci hanno detto no in una situazione romantica? Ebbene, quale è la cosa peggiore che ci è successa quando abbiamo ricevuto dei no? Credo che la risposta sia "nulla di importante".

Bene, questa è la stessa cosa che può accadere se stavolta siamo noi a dire di no agli altri. Non succederà nulla di importante. Se, per qualche motivo, la persona alla quale diciamo no si sentirà terribilmente offesa, ci toglierà il saluto o penserà a quale successivo dispetto potrà farci in risposta, probabilmente avremmo dovuto dire di no e abbandonare questa persona molto prima.

I "No" possono anche avere degli effetti molto positivi a lungo termine. Sono certa che ognuno di noi è estremamente grato per aver ricevuto certi no nella propria vita, in particolare dai propri genitori. Magari sul momento non abbiamo apprezzato ed abbiamo creduto che il mondo ci sarebbe crollato addosso a causa di quel no. Ora, invece, a tanti anni di distanza, ci rendiamo conto che proprio quel rifiuto ci ha permesso di crescere, di evitare delle gravi conseguenze, di rafforzare un lato del nostro carattere.

Quando dire di no dimostra che abbiamo un grande rispetto di noi stessi, che la nostra integrità viene prima di ogni altra cosa, che affermiamo la nostra individualità ed i nostri diritti, le persone saranno addirittura in grado di apprezzarci di più.

## Le migliori tattiche per dire di no

### *Prevenire*

In barca a vela, ad esempio, essere in grado di prevenire può salvarti la vita. Se le previsioni annunciano mare forza 8, è preferibile non uscire in mare. Per non rimanere in avaria con il motore è necessario fare controlli periodici. Se il tempo cambia rapidamente e il vento si alza, è meglio ridurre la vela e iniziare a dare una mano di terzaroli prima che la forza del vento impedisca di fare questa manovra.

Allo stesso modo, molto spesso siamo in grado di renderci conto delle conseguenze che avrebbero certe nostre azioni o comportamenti con molto anticipo e prevenirle. Se ci pensiamo, riusciamo a realizzare che abbiamo la possibilità di evitare tutta una serie di situazioni. Ad esempio:

Ogni volta che chiediamo "Come stai?" a nostra zia, lei inizia a parlarci dei suoi acciacchi. *Tattica preventiva:* iniziamo la nostra conversazione saltando i preamboli e ponendole una domanda su un argomento che le illumina la vita (ad esempio: "Hai poi comprato la cuccia per il tuo nuovo gatto?").

Un amico sta insistendo per iniziare con noi una relazione sessuale che non ci interessa. *Tattica preventiva:* incontriamolo soltanto in posti molto affollati, mai a casa sua (o nostra).

A volte prevenire può risolvere il problema alla fonte. Non è efficace in qualsiasi occasione, ma può fare la differenza.

### *Reperita juvant*

Una delle principali ragioni per le quali non riusciamo a dire di no in maniera efficace è che ci scoraggiamo troppo presto quando il nostro interlocutore insiste dopo il nostro primo no. Ho ricevuto spesso delle telefonate da parte di venditori di riviste improponibili che volevano farmi sottoscrivere degli abbonamenti. Uno tra questi è stato un venditore della rivista dei Carabinieri (a quanti di voi è capitato?). Ha iniziato a presentarmi la rivista dilungandosi su numerosi dettagli. Sono riuscita ad interromperlo per dirgli che non ero interessata. Vi riporto di seguito la nostra conversazione:

Io: "Mi perdoni se la interrompo, ma devo dirle che non sono interessata".

Venditore: "Perché non le interessa?" (tentativo di ricevere delle obiezioni alle quali poter ribattere)

Io: "Semplicemente non mi interessa, mi dispiace".

Venditore: "Ma con l'abbonamento le daremo anche un adesivo da mettere sull'auto. Di sicuro quando verrà fermata dalla Polizia avranno un occhio di riguardo." (tentativo di ricatto psicologico)

Io: "Capisco, ma non mi interessa, grazie"

Venditore: "Non vuole sentirsi più protetta, lei e la sua famiglia?"

Io: "Non capisco cosa intende e comunque non mi interessa."

L'arma segreta è quella di avere più "no" nella nostra scorta di quante ragioni ha il venditore per cercare di convincerci. Il metodo più efficace è quello di ripetere fino allo sfinimento (non il nostro, ma quello dell'interlocutore) il nostro no, in modo gentile e fermo, senza diventare nervosi, agitati o infuriati. Molte persone demordono quando si sentono chiedere "perché?", oppure quando sentono una serie di ragioni logiche per fare ciò che in fondo non vogliono.

Iniziamo ad esercitarci nell'affermare il nostro "no" in maniera continuativa e persistente a dispetto di tutte le obiezioni che il nostro interlocutore ci pone. Chiediamo ad un amico di aiutarci. Definiamo una situazione che non vogliamo tollerare da lui e chiediamo al nostro amico di cercare, usando tutti i mezzi, di convincerci. Noi dobbiamo essere incuranti delle ragioni e obiezioni che ci vengono poste e continuare a ripetere con voce calma e gentile ciò che vogliamo, cioè un No.

Non è semplicissimo, per alcuni, completare questo esercizio. Soltanto dopo aver fatto molta pratica ci si rende conto di quanto possa essere efficace questo semplice ripetere e ripetere.

### Appellarsi alla propria "policy"

Questo vi farà forse sorridere, ma dal mondo aziendale ho imparato una eccellente tecnica per dire di no senza creare imbarazzo e senza necessità di dare ulteriori spiegazioni o scuse.

Uno dei modi più efficaci di dire no in azienda è quello di far riferimento alla "policy" aziendale, cioè a quel set di regole che l'azienda ha creato e a cui non fa deroghe.

Le richieste più pressanti mi venivano fatte generalmente da coloro che volevano vendermi una idea o un evento (ad esempio una sponsorizzazione o una ipotesi di collaborazione), dai giornalisti (che cercavano la notizia "scabrosa" con la quale metterci in difficoltà) e dai partner commerciali che volevano ottenere da noi di più di quanto concordato nei nostri contratti di collaborazione. Quando cercavo delle motivazioni razionali per spiegare il motivo del rifiuto di una proposta o del motivo per il quale non potevo dare certe informazioni, mi ritrovavo in lunghissime disquisizioni e a volte le obiezioni ricevute erano più forti delle ragioni per le quali il rifiuto era stato fatto.

Quando però usavo la magica parola "policy" tutto era più semplice. Ad esempio: "Non possiamo accettare questa proposta di sponsorizzare la squadra italiana di moto su sabbia perché la nostra policy ci vieta di venire associati con gli sport legati ai motori" oppure: "Non posso fornirvi il dato del nostro fatturato italiano perché la nostra policy è quella di annunciare soltanto il fatturato globale della società", o ancora: "Non possiamo fare un comunicato stampa congiunto perché la nostra policy ce lo vieta". Naturalmente utilizzavo quest'arma solo quando esisteva veramente una policy sul quel dato argomento. Per fortuna l'azienda aveva una serie di policy per qualsiasi aspetto della vita aziendale.

Se quest'arma è davvero efficace, come possiamo trasferirla alle nostre situazioni personali? Semplice: definendo una nostra policy personale.

Tanto per farvi un esempio, la mia policy personale prevede, tra le tante cose, di non accettare inviti se non includono mio marito, di non offrire regali allo scopo di ottenere dei favori, di creare delle condizioni di equità nella mia azienda, di non prestare del denaro ad amici, di non tenere segreto nulla a mio marito e via dicendo. Quando qualcuno mi chiede, ad esempio, di non far sapere a mio marito qualcosa, io semplicemente rispondo che non posso farlo perché è contrario alla mia policy.

Creare la nostra policy è importante. Per crearla possiamo tornare all'esercizio che riguardava gli "scudi protettivi" e prendere ispirazione dalla lista di ciò che non vogliamo tollerare. Avere una policy ci fa focalizzare sul perché diciamo di no e conseguentemente a cosa vogliamo lasciar spazio e dire di si.

Quando riusciamo a identificare le nostre priorità e a creare una policy incentrata su ciò che più vogliamo – ad esempio avere più tempo per la nostra famiglia, dare più spazio ai nostri desideri e alla nostra salute, rimanere aderenti ai nostri Valori, eccetera – ci sentiremo più giustificati a dire quei no necessari a raggiungere i nostri obiettivi.

Quando si invoca la propria policy significa implicitamente che abbiamo già affrontato il problema in passato e che dopo attenta valutazione abbiamo deciso che una certa cosa, un certo comportamento non viene accettato. "Non posso venire alla cena: è la nostra policy quella di uscire il sabato sera con i nostri figli e far scegliere loro il programma della serata": questo significa che i rituali creati e condivisi con la famiglia sono irrinunciabili.

Prova a scrivere le tue policy:

_____

_____

_____

_____

_____

_____

_____

_____

### Temporeggiare

Quando non siamo sicuri se e come comunicare il nostro no, una buona idea è sempre quella di prendere tempo. Questo ci da modo di scaricare la tensione quando non sappiamo dire no in modo diplomatico ma anche semplicemente quando vogliamo concederci più tempo per rispondere. Vale sempre la pena di tenere nella nostra bisaccia una scorta di risposte che ci consentano di prendere tempo. Ad esempio:

- Devo controllare l'agenda, entro stasera posso farti sapere;
- Lasciami del tempo per controllare se mia moglie non ha già preso degli impegni;
- Devo controllare se non ho altri progetti che possono interferire con questo;
- Non so. Dammi del tempo per rifletterci;
- Devo controllare se ho sufficienti riserve di denaro per questo.

### "Ho già dei progetti"

Ci sono molte versioni della frase "Non posso, ho già dei progetti" come abbiamo visto. Potremmo però sentirci in colpa quando non abbiamo veramente un appuntamento annotato nella nostra agenda. Il tempo che non riserviamo agli altri ma che serve a rigenerarci, rilassarci, riposarci, sembra non avere una sua dignità. Se prevedevamo una serata tranquilla in casa, un bagno caldo e il nostro film preferito, abbiamo la sensazione che questo non rientri nell'ipotesi di un impegno o di un progetto preso.

E' necessario quindi allargare il concetto di "progetto", in modo che possa includere tutte quelle attività (o inattività) a cui decidiamo di indulgere. Se la nostra idea è quella di passare la domenica a giocare con il nostro cane, questo è un progetto. Se vogliamo fare una passeggiata da soli nel parco, questo è un progetto. Se decidiamo di fare un bagno caldo e di leggere un libro, questo è un progetto. Il tempo libero, anche quello durante il quale non abbiamo intenzione di fare nulla di particolare, rappresenta un momento sacro per recuperare le nostre energie e per riposare. Dobbiamo darci il permesso di considerarlo importante ed imprescindibile. Se può servire ad evitare di sciuparlo, annotiamolo sull'agenda e rendiamolo una priorità.

Quando prendiamo coscienza di quanto il tempo che vogliamo dedicare a noi stessi è essenziale per il nostro equilibrio, ci sentiamo molto meno in colpa quando affermiamo: "Non posso, ho degli impegni stasera".

***Esprimere le nostre sensazioni negative e chiedere un cambiamento***

Quando la natura della relazione ce lo consente, ad esempio quando dobbiamo dire di no ad un amico caro, un familiare o un collega con il quale siamo in estrema confidenza, possiamo semplicemente spiegare il nostro no attraverso la condivisione onesta delle sensazioni negative che proviamo o che proveremmo se agissimo diversamente:

*Quando vieni in casa mia e ti soffermi sui particolari che non ti piacciono mi ferisci: io lo interpreto come un offesa al mio senso estetico. Ti prego di non criticare la mia casa.*

*Se accettassi di mentire per coprire l'errore che hai fatto sentirei di aver violato i miei valori. Per favore non chiedermi questo.*

*Quando mi chiedi di rimanere durante la pausa pranzo per finire un lavoro di cui tu saresti il responsabile ho la sensazione che non rispetti me e le mie esigenze di avere un poco di riposo. Se vuoi posso finire il lavoro dopo le due e ne farò una mia priorità, ma non chiedermi ancora di rinunciare alla pausa pranzo.*

*Ogni volta che vuoi ottenere qualcosa da me noto che cerchi di far leva sul mio senso di responsabilità. Quando ti comporti così ho la sensazione di essere manipolata e questo mi dispiace molto. Ti prego di non farlo più.*

*Se accetto di venire a vedere il film che mi stai proponendo e poi non mi piace, sarò risentita per non essere stata abbastanza ferma nel dire di no. Ed io non voglio che il nostro rapporto possa compromettersi per una sciocchezza del genere.*

### Dire di no ai tentativi di abuso verbale

A certe persone è difficile dire di no, perché sappiamo che reagiranno in un modo che ci ferirà: criticheranno le nostre decisioni, faranno i sarcastici, cercheranno di farci sentire in imbarazzo. Sono situazioni abbastanza frequenti tra familiari, amici e colleghi (o tra capo e subordinato) oppure quando il nostro interlocutore ha imparato con il tempo che attraverso questi abusi verbali riesce ad ottenere da noi ciò che vuole. Se questo tipo di dinamica avviene da tempo sarà difficile riuscire a far cambiare il comportamento della nostra controparte, ma sarà più facile cambiare il nostro.

Smettiamo quindi di accettare senza reagire e facciamo capire che da oggi questo tipo di abusi non funzioneranno più. Comunicare che questo tipo di manipolazione non ha più effetto su di noi è molto più efficace che discutere della singola critica che ci viene diretta. Non è facile affrontare questo tipo di persone, specialmente se ci sentiamo in una condizione psicologica di inferiorità per qualsiasi ragione apparente (la persona è il nostro capo oppure il fratello maggiore o un genitore). E' necessario essere convinti delle proprie ragioni e dei propri diritti ed immaginare che qualsiasi cosa ci venga detta rimbalzi su di noi senza provocare conseguenze.

*Con questo commento stai cercando di mettermi in difficoltà. E' un buon tentativo, ma non funziona.*

*Darmi della stupida non mi farà cambiare idea.*

*Sei furbo e sai come pungermi sul vivo, ma io so decidere cosa è meglio per me.*

*Sarà pure come dici, ma ormai ho preso la mia decisione.*

*Apprezzo la tua abilità nel trovare sempre una battuta sarcastica. Però non è questo che apprezzo in un'amicizia.*

### Dire di no ai tentativi di farti sentire colpevoli...

i sono delle persone che riescono a farci sentire in colpa se diciamo loro di no. I genitori ed i parenti, durante la nostra educazione, hanno agito in molte circostanze con il preciso obiettivo di farci sentire in colpa. Come quando, da piccoli, ci sgridavano davanti ad altre persone: era il loro modo di insegnarci la differenza tra cosa è giusto e cosa è sbagliato.

Se hanno fatto un buon lavoro, ci hanno permesso di diventare degli adulti equilibrati e solidi con una coscienza sviluppata. Purtroppo spesso non si rendono conto che arrivati ad una certa età, siamo noi i soli giudici di noi stessi e non abbiamo bisogno di consigli non richiesti.

### ...a chi ci fa sentire in colpa per ricevere più attenzioni

Ci sono persone per le quali il tempo e le attenzioni che dedichiamo loro non sono mai sufficienti. Per quanto noi siamo coscienti di essere delle persone piene di attenzioni e generose del nostro tempo, per quanto sappiamo che il nostro no è completamente giustificato, queste persone riescono nonostante tutto a farci sentire colpevoli.

Uno dei modi per dire no senza spiacevoli conseguenze è quello di esprimere loro la nostra gratitudine ma senza mettere da parte le nostre esigenze:

*Mi fa piacere venire a cena da te, ma stavolta proprio non posso. Mi sento molto stanca e non voglio stressarmi perché devo risparmiare energie per il progetto che sto portando avanti. Ci vedremo la prossima settimana.*

*Abbiamo trascorso molto tempo insieme ultimamente, ma stavolta devo dirti di no. Per favore non farmi sentire in colpa, non è carino.*

Una ulteriore possibilità è quella di ricordare al nostro interlocutore che ci sono altre persone che hanno bisogno della nostra presenza:

*Vorrei tanto passare il Natale da voi ma quest'anno abbiamo promesso ai genitori di Stefano che andremo da loro. Sono due anni che non ci vediamo e loro hanno il tuo stesso desiderio di passare qualche giorno insieme.*

*Grazie per l'invito, Anna, però abbiamo promesso ai bambini di portarli in montagna. Per loro è molto importante e questo è l'unico periodo dell'anno in cui possiamo fare una vacanza. Sono sicura che capirai.*

### ...a chi ci fa sentire in colpa per come conduciamo la nostra vita

Se alcune persone si sentono in diritto di dirci come dobbiamo comportarci e come dobbiamo creare la nostra vita, noi abbiamo il diritto di rifiutare i loro consigli:

*Apprezzo che tu voglia il meglio per me, ma apprezzerei di più se mi permettessi di prendere le mie decisioni e di imparare dai miei sbagli.*

*Mi dispiace che a te non piaccia la mia auto. A me piace e non ho intenzione di cambiarla. Per favore non torniamo ancora sull'argomento.*

*So che guadagnerei di più se facessi il commercialista come te, ma io amo scrivere e per me è importante esprimere i miei talenti, anche se questo vuol dire vivere in maniera più semplice. Spero che tu possa essere contento che io faccia quello che mi dà più soddisfazione.*

*Capisco che tu hai un'altra idea dell'educazione dei figli, ma credo di fare del mio meglio e mi piacerebbe ricevere maggiore supporto da te.*

### Il valore dell'onestà

Credo fermamente che un "no" fermo sia molto più efficace di un si poco convinto. Inoltre dimostra un rispetto maggiore verso il nostro interlocutore. A tutti noi è certamente capitato di prendere un appuntamento con qualcuno e quando è arrivato il giorno dell'incontro la persona:

- ha chiamato all'ultimo momento fornendoci una scusa e lasciandoci soli;
- è arrivata tardissimo o ci ha comunicato che doveva andarsene prima della fine dell'incontro:
- ha passato tutto il tempo a rispondere alle telefonate che gli arrivavano al cellulare, oppure guardando l'orologio impaziente;
- ha "dimenticato" l'appuntamento e non si è presentata.

Preferiamo ricevere un no oppure imbatterci in situazioni come quelle descritte? Ci sono persone che dicono si molto frequentemente con il solo desiderio di essere gentili, ma anche se tecnicamente hanno acconsentito, in realtà ci dimostrano in mille modi la loro poca disponibilità ad essere "presenti". Credo che questo comportamento sia inaccettabile e, se ci mettiamo nelle scarpe di colui che ci ha invitato, credo che il giusto segno di rispetto che possiamo offrire sia quello di riflettere, prima di accettare, sulla nostra reale disponibilità o interesse. Quando non siamo convinti di quello che vogliamo fare e ci sentiamo semplicemente obbligati, magari dalla buona creanza, il risultato finale potrebbe essere disastroso. Non è meglio allora semplicemente dire di no?

### Rimandare

A volte comunicare un "no" secco non è in realtà una possibilità. Immaginiamo il nostro capo che ci affida un lavoro importante proprio il giorno in cui abbiamo promesso a nostro figlio di accompagnarlo alla sua recita annuale. Oppure il nostro amico più intimo che ci chiede del tempo per parlare dei suoi ultimi guai sentimentali nel giorno in cui abbiamo un forte mal di testa. Rifiutarsi è una scelta difficile, a meno che non intendiamo incrinare i rapporti con l'altra persona.

Uno dei modi per salvare "capra e cavoli" è quella di rimandare la richiesta, spiegando in termini semplici ed onesti il motivo per cui non possiamo accettarla in questo momento.

*Possiamo riparlarne mercoledì? Per quel giorno avrò completato il piano finanziario annuale e sarò molto più attento e focalizzato per lavorare sul nuovo progetto.*

*Ho un lavoro molto urgente da consegnare la prossima settimana. Se la mia assistente può iniziare a studiare il nuovo progetto in modo che si occupi delle cose più urgenti, la prossima settimana prometto che a questo lavoro darò assoluta priorità.*

*Stasera ho un impegno preso precedentemente, ma sono disposto a venire in ufficio un'ora prima domani per discutere della cosa con te.*

*In questo momento posso rimanere al telefono solo pochi minuti, ma ti prometto che domani posso ritagliarmi un'ora, così potrò darti l'attenzione che serve per poterti aiutare nel tuo problema.*

### Offrire un'alternativa

Quando siete in grado di prospettare delle soluzioni alternative alla richiesta che vi viene posta, potreste superare l'imbarazzo di dover dire di no in situazioni delicate. Il vostro interlocutore avrà la sensazione che avete comunque a cuore il suo problema o la sua richiesta.

*Non posso occuparmi di questa cosa. Ma Daniela mi ha detto che questa settimana è abbastanza libera: se vuoi posso chiedere a lei se può lavorare sul tuo progetto.*

*Non posso tenerti il gatto questo weekend. Ma conosco dei ragazzi che si offrono come cat-sitter e non chiedono troppo. Se vuoi posso darti il loro telefono.*

*Non posso accompagnarti in centro a fare spese domani. Possiamo andare il prossimo sabato oppure, se vuoi, posso chiedere a mia sorella di venire con te. Lei è certamente meno impegnata di me questi giorni.*

### L'ultima spiaggia: le scuse che ci salvano la faccia.

Lo scopo di questo libro è quello di allenarci a dire di no, e non a raccontare bugie. Non è mai una cosa carina dover inventare delle scuse per poter giustificare il nostro no. Specialmente se corriamo il rischio di essere scoperti. Non possiamo però negare che a volte, per non urtare la suscettibilità di qualcuno, per non offendere, abbiamo bisogno di ricorrere a delle innocenti bugie che possano farci uscire velocemente da una situazione potenzialmente imbarazzante. Se vogliamo declinare un invito di un ragazzo che vuol farci la corte perché lo troviamo poco attraente, dire la verità potrebbe ferirlo. Se invece diciamo che siamo già impegnate con qualcuno (anche se non è vero) porgiamo il nostro rifiuto in un modo per lui più facilmente accettabile. Le scuse, quando dette nel modo e nel tempo giusto possono essere la nostra ultima spiaggia, ma devono essere appropriate alla situazione: devono cioè evitare che qualcuno si senta ferito, devono semplificare la nostra vita e devono essere dette quando non c'è il rischio di essere scoperti.

### Negoziare un compromesso

Ci sono molte circostanze in cui crediamo che dire di no

potrebbe aprire un pericoloso fronte di conflitto. Le conseguenze di tale conflitto ci disturbano così tanto che spesso preferiamo non affrontare il problema, sperando che con il tempo possa essere superato o dimenticato. A questo punto del libro è quasi superfluo ricordare quali effetti negativi potrebbe causarci il fatto di non parlare apertamente di ciò che ci crea fastidio, ansia, preoccupazione. Il problema quasi certamente non verrà risolto, le cose non dette probabilmente accentueranno una frattura o un distacco con l'altra persona e la nostra autostima subirà un ennesimo attacco.

E' vero che quando due persone hanno delle differenti aspettative ci sono delle emozioni che vengono messe in gioco e questo rende la discussione molto delicata. Non per questo, però, dobbiamo tirarci indietro senza cercare una soluzione che possa essere vincente per entrambe le parti.

Ci sono molti modi per migliorare le nostre reazioni e le modalità con le quali le altre persone potrebbero confrontarsi con noi, ma per fare ciò dobbiamo essere disposti ad affrontare il dialogo e a parlare dei problemi.

La maggior parte delle persone evitano di negoziare semplicemente perché non sanno come farlo e perché in passato, proprio per la loro incapacità, non hanno ottenuto risultati positivi.

Riuscire a negoziare un accordo è una splendida esperienza, non solo per noi, ma anche per la nostra controparte. Una volta concordato nelle maniere dovute un percorso fattibile per entrambe le parti, la relazione con l'altra persona – nella maggior parte dei casi – può migliorare sensibilmente.

Quando invece la negoziazione viene svolta in maniera aggressiva o non rispettando i diritti dell'altro, si determina una chiusura che renderà difficile sia la soluzione del problema, sia la disponibilità futura a trovare altri accordi. Per questo è importante una fase preparatoria alla negoziazione.

*Affrontare con successo una negoziazione: le 10 fasi.*

Prima di iniziare qualsiasi processo di negoziazione è necessaria della preparazione. Prima di tutto dobbiamo predisporci mentalmente nel modo più corretto e successivamente definire alcune linee guida per la conduzione della negoziazione al fine di non deragliare dal processo che abbiamo strutturato. Una buona preparazione ci dà un grande vantaggio competitivo.

Ci offre un maggiore controllo sulla situazione e una maggiore fiducia in noi stessi. Infine ci permette di controllare l'ansia che deriva dall'aleatorietà del risultato finale (all'inizio della negoziazione non sappiamo se avremo successo oppure se ci sentiremo battuti o ridicolizzati).

Non serve troppo tempo per questa fase di preparazione. Se ci concediamo qualche momento per riflettere sull'oggetto della negoziazione, i nostri pregiudizi, le possibili soluzioni e magari ci dormiamo una notte su, potremo affrontare il nostro compito in modo più equilibrato.

Fase n. 1: Capire cosa vogliamo ottenere.

E' inutile ingaggiarci in una negoziazione quando non sappiamo con chiarezza cosa vogliamo ottenere. Questo ragionamento deve essere fatto per tempo allo scopo di arrivare preparati. Tre semplici domande possono aiutarci a rimanere focalizzati durante tutta la conversazione e a garantire quel minimo di flessibilità necessaria per arrivare ad una soluzione concordata da entrambe le parti (non possiamo certo credere che il nostro interlocutore accetti senza discutere qualsiasi cosa noi chiederemo, vero?):

- Quale è il risultato ottimale che voglio ottenere?
- Quale potrebbe essere un risultato realistico?
- Quale concessioni minime voglio ottenere dalla controparte affinché la conversazione possa valere il tempo che gli dedico?

*Esempio:*
Anna sta sopportando un carico eccessivo di lavoro e non riesce a seguire con l'usuale energia le attività sportive pomeridiane dei due figli. Anche il marito sta lavorando molto in questo periodo.

*Risultato ideale:* concordare una divisione dei compiti familiari con il marito ed ottenere che per le prossime 8 settimane lui si impegni ad accompagnare i figli ai loro impegni sportivi affinché Anna riesca a superare in modo equilibrato questo periodo pesante.

*Risultato realistico:* il marito si impegna ad accompagnare i figli tre volte a settimana.

*Risultato minimo:* il marito si impegna ad accompagnare i figli una volta a settimana e insieme determinano un budget per assumere qualcuno che li accompagni tutte le altre volte.

Più riusciamo ad essere specifici nelle nostre richieste (ad esempio, tre volte a settimana invece che "più spesso"), maggiori possibilità abbiamo di avere successo.

## Fase n. 2: Trattare la persona con il massimo rispetto

Una tentazione da evitare è quella di trattare l'altra persona nello stesso modo in cui lei tratta noi. Anche se abbiamo a che fare con un manipolatore, un insensibile, qualcuno che usa il nostro senso di colpa per ottenere ciò che vuole, questo non vuol dire che dobbiamo usare i suoi stessi sistemi poco ortodossi.

Dobbiamo affrontare qualsiasi negoziazione come se fosse una questione professionale, anche se abbiamo a che fare con parenti, amici o figli. Dobbiamo essere gentili, chiari e fermi. Dobbiamo concentrarci sui fatti e non sulle opinioni. Le opinioni sono soggettive e non necessariamente incontestabili. Se accusassimo o dessimo la colpa all'altro per ottenere un cambiamento, nella maggior parte dei casi causeremo solo un blocco della negoziazione.

Una delle tentazioni in cui si può cadere, specialmente se da parte del nostro interlocutore c'è apertura, è quella di fare concessioni troppo facilmente, per dimostrare che siamo delle persone positive. Questo accade soprattutto alle donne. Le negoziazioni non servono per dimostrare quanto siamo buoni, ma per ottenere dei risultati. Come ho già detto dobbiamo porci in modo gentile ma dobbiamo attenerci al problema sorto e fare il necessario finché non si arriva ad un risultato soddisfacente per entrambi.

Fase n.3: Riconoscere ed apprezzare le motivazioni e i sentimenti dell'interlocutore.
Anche se percepiamo che l'altro non prende in considerazione i nostri sentimenti e le nostre necessità, questo non ci dà il diritto di fare la stessa cosa. Anzi, più vengono condivise le ragioni per le quali esiste un certo atteggiamento o comportamento, migliori saranno le possibilità di arrivare a negoziare differenti opzioni per raggiungere un risultato positivo.

E' importante capire la ragione che attiene ad un comportamento che per noi è inaccettabile. Inoltre, avere attenzione per i bisogni degli altri apre loro la strada per dimostrare attenzione per i bisogni nostri.

Naturalmente riconoscere ed apprezzare le motivazioni altrui non significa disconoscere le nostre: durante il processo negoziale dobbiamo sempre esprimere quali sono i bisogni e le ragioni che generano le nostre reazioni.

Ed in fondo, il punto centrale nelle negoziazioni è quello di trovare un punto di equilibrio tra bisogni diversi: quello che si tenta di creare non è un risultato a somma 0 (dove necessariamente ci deve essere una parte che vince e una che perde) ma un risultato positivo da entrambe le parti.

Fase n. 4: Dimenticatevi del vostro ego.
Quando si affronta una negoziazione ci si deve porre verso

l'altra persona in una posizione egualitaria. Non bisogna approcciare il nostro interlocutore con un aria di superiorità, dare prova della nostra migliore preparazione o della nostra superiorità di status (ad esempio se stiamo negoziando con un dipendente, un figlio, una persona più giovane e con meno esperienza). Non dobbiamo usare la negoziazione per soddisfare il nostro ego.

Se assumiamo di sapere già tutto quel che c'è da sapere sulla persona che ci è davanti e sul problema rischiamo di fare della psicanalisi spicciola: dobbiamo essere disponibili ad assumere che quello che sappiamo è solo la nostra visione personale e che potrebbe non essere aderente alla realtà. E' sempre preferibile chiedere all'interlocutore le ragioni che motivano le loro azioni, invece di presupporle.

Inoltre se vogliamo veramente ottenere qualcosa dal processo di negoziazione dobbiamo essere pronti ad ascoltare l'altro senza permettere a preconcetti o false presupposizioni di pregiudicarne il risultato. Lunghi monologhi precludono l'acquisizione di informazioni preziose che potrebbero aiutare a risolvere il problema.

### Fase n. 5: Calma

E' bene arrivare alla negoziazione quando siamo in uno stato di equilibrio e di calma. Se comunichiamo panico, ansia, rabbia o confusione, rendiamo deboli noi e l'intero processo.

E' bene scegliere il momento giusto e il modo giusto per iniziare a negoziare: evitiamo di farlo quando noi siamo o il nostro interlocutore è di fretta oppure quando sappiamo che non c'è tempo a sufficienza per discutere di ogni possibile dettaglio (è preferibile concordare un momento in cui entrambi siamo calmi, composti e disponibili). Evitiamo qualunque fonte di distrazione: spegniamo radio o tv, evitiamo di iniziare a negoziare in un ufficio dove inesorabilmente qualcuno verrà a disturbare, spegniamo i telefonini. E soprattutto non "imponiamo" un momento particolare ma cerchiamo di essere aperti a concordare un momento che sia favorevole per entrambi.

## Regola n.6: Fai un elenco di ciò che non va

Scrivi quali sono i comportamenti o le azioni che l'altra persona attua e che vorreste modificare, sottolineandoli con alcuni esempi concreti. Concentrati su ciò che è stato fatto a te personalmente, anche se hai notato che la stessa cosa è stata fatta a qualcun altro. Basa la tua negoziazione su ciò che ti tocca personalmente e non su chiacchiere o pettegolezzi. I fatti devono essere reali e non delle sensazioni.

Quando hai scritto la lista, prova a trovare un comun denominatore. Per esempio, potresti aver scritto:

- Il mio migliore amico mi fa delle battute fuori luogo che minimizzano i miei problemi;
- Mi interrompe spesso quando parlo;
- Non apprezza mai i successi che ottengo.

In poche parole, il comun denominatore è la sensazione che abbia uno scarso rispetto nei tuoi confronti.

Prova a ragionarci su per capire se veramente la persona ha poco rispetto o se per caso non stai esagerando. Per fare una "controprova", cerca di immaginare te stesso che tratti qualcuno in questo modo. E' un piccolo esercizio per capire se ci sono dei motivi seri per chiedere un cambiamento del comportamento.

## Fase n. 7: Usa il linguaggio giusto

Lo scopo è quello di mantenere aperto il dialogo e non mettere il nostro interlocutore in una posizione di difficoltà. Dobbiamo fare in modo di non intaccare la sua dignità e permettergli di scusarsi senza farlo sentire "battuto". Per questo è necessario pensare a come vogliamo costruire il nostro discorso in modo da ottenere un risultato positivo.

Una frase sempre utile per iniziare una negoziazione è la seguente:

*"Ho un problema e mi chiedo se tu possa aiutarmi a risolverlo...."*: è una introduzione neutrale e non aggressiva.

E' utile creare un inizio di frase positivo prima di arrivare dritti al cuore della nostra discussione. Ad esempio fare un complimento al nostro interlocutore. Naturalmente il complimento deve essere onesto e sentito, non deve essere una bugia. Dite solo quello che veramente pensate. Nel caso di prima, se il nostro amico ha un buon senso dell'umorismo, potremmo iniziare in questo modo:

*"Gianni, una delle cose che veramente mi piace di te è il tuo senso dell'umorismo. Nonostante questo a volte ho la sensazione che ti spingi troppo oltre. Mi ferisce molto quando scherzi in modo inappropriato sui miei problemi, come hai fatto la scorsa settimana quando parlavamo del rischio che corro di perdere il lavoro a causa della recente acquisizione della mia azienda da parte di XYZ ...."* (è importante aggiungere un esempio concreto del comportamento inaccettabile al quale vi riferite).

Quando scriviamo la traccia di quello che vogliamo dire, con gli esempi che intendiamo portare all'attenzione del nostro interlocutore, cerchiamo di ripetere il discorso a voce alta più volte, usando un tono di voce neutro. Alleniamoci a affrontare la negoziazione mantenendoci sui fatti e evitando l'emotività.

### Fase n. 8: Anticipa le reazioni

Anche se speriamo che la negoziazione si chiuda come avevamo previsto, è sempre meglio essere pronti a fronteggiare eventuali reazioni da parte del nostro interlocutore. Una possibile reazione è il rifiuto a modificare il proprio comportamento. A questo punto potrebbe essere utile, invece di far deragliare la nostra conversazione chiedendo il perché del rifiuto, chiedere all'altra persona di suggerire altre possibili soluzioni che tengano in considerazione i bisogni di entrambi. A volte non riusciamo ad immaginare ogni opzione possibile, mentre se rimaniamo aperti, potrebbe essere il nostro interlocutore stesso ad identificare una nuova possibilità. Se ancora non si raggiunge un accordo, è possibile riconsiderare con calma la questione e riprendere il discorso successivamente, concordando una data.

Può anche accadere che il nostro interlocutore abbia una reazione inconsulta, ad esempio può mettersi a gridare o a piangere. Cerchiamo di affrontare la situazione comunque, chiedendo le motivazioni di tale reazione esagerata. E' bene, comunque, prepararsi ad affrontare ogni tipo di risposta e decidere come agire di conseguenza.

Fase n. 9: Gestisci la conversazione.

Apri immediatamente la negoziazione utilizzando le frasi che ti sei preparato (Fase n. 7). E' inutile tergiversare o fare troppi giri di parole: arriva subito al punto e fai la richiesta che corrisponde al tuo risultato ideale. Una volta che ha fatto la tua richiesta, non dire nulla. Aspetta che l'altra persona abbia riflettuto sulla domanda ed abbia elaborato una risposta. Spesso cadiamo nella tentazione, quando la conversazione ha un momento di pausa, di voler riempire il silenzio. Non dobbiamo cedere. Prima di tutto mostreremo di voler veramente ascoltare e daremo anche la sensazione di essere calmi.

Ascolta attentamente quello che l'interlocutore risponde, evitando di interrompere, anche se ti rendi conto che la risposta che ti viene data non è sufficiente o non risolve il problema. Lascia che la persona abbia finito di parlare prima di intervenire.

E' molto utile cercare di capire perché la persona si è comportata in un dato modo. A volte ci sono delle buone ragioni dietro un comportamento che per noi è inaccettabile. Altre volte, invece, possiamo capire che stiamo reagendo in maniera spropositata ad un comportamento che non era intenzionale. Se siamo consapevoli delle reali motivazioni del nostro interlocutore, motivazioni che a prima vista non abbiamo colto, possiamo aiutarlo ad elaborare delle soluzioni che soddisfano noi e lui.

Fase n. 10: Chiudi la negoziazione in modo efficace.
Quando la negoziazione si è conclusa, è sempre utile attivare un feedback per assicurarsi che la persona abbia compreso cosa gli avete chiesto di fare. In un certo senso è importante finalizzare gli accordi presi. Chiudere la conversazione chiedendo di implementare le decisioni prese a partire da una certa data o durante una certa occasione vi darà la certezza che il vostro interlocutore abbia realmente "controfirmato" l'accordo.

Potete chiudere dicendo: "La prossima volta che ci incontriamo assieme agli amici eviterai di farmi delle battute sarcastiche sul fatto che non guadagno ancora abbastanza?", oppure: "Come abbiamo concordato, a partire da domani andrai tu a prendere i ragazzi a scuola ogni mercoledì e venerdì, siamo d'accordo?" e via dicendo. Quando la discussione è più complessa, le due parti possono concordare un piano di azione che può essere implementato nelle settimane successive e magari stabilire un momento in cui si tireranno le somme per fare eventuali aggiustamenti.

Generalmente tantissimi problemi possono essere risolti e molti comportamenti possono essere modificati attraverso una semplice conversazione, anche se non siete degli abili negoziatori. Ci sono alcune circostanze, però in cui è sconsigliabile affrontare le persone per ottenere che smettano o cambino il loro comportamento verso di voi. In particolar modo dovremmo pensarci due volte prima di affrontare una persona se:
- è conosciuta per il suo cattivo temperamento o se reagisce in modo violento;
- ha problemi di droga o di alcool, oppure se è

mentalmente instabile;

- ha utilizzato in passato la vostra apertura alla negoziazione per ridicolizzarvi o prendersi gioco di voi;
- ha ripetutamente disatteso accordi presi in precedenza con voi.

Se rischiate di essere sottoposti a violenza, anche solo verbale, non c'è motivo di dimostrare la vostra apertura al confronto. In questi casi, cercate soltanto di trovare un modo di sottrarvi alla persona, all'ambiente e alle circostanze che vi possono mettere in pericolo.

### Celebra i tuoi successi

Ora che hai acquisito alcuni strumenti e messo a frutto alcuni suggerimenti, è arrivato il tempo di annotare i tuoi successi e celebrare!

*I 10 no di cui sono più fiero:*

1. _____
2. _____
3. _____
4. _____
5. _____
6. _____
7. _____
8. _____
9. _____
10. _____

*I 10 confini che ho ampliato e fatto rispettare negli ultimi tre mesi:*

1. _____
2. _____
3. _____
4. _____
5. _____
6. _____

7. _____
8. _____
9. _____
10._____

*10 aspetti positivi di me stesso che ho scoperto leggendo e lavorando su questo libro:*
1. _____
2. _____
3. _____
4. _____
5. _____
6. _____
7. _____
8. _____
9. _____
10._____

*10 modi in cui voglio "premiarmi" per i risultati che ho ottenuto:*
1. _____
2. _____
3. _____
4. _____
5. _____
6. _____
7. _____
8. _____
9. _____
10._____

# BIBLIOGRAFIA

Vera Peiffer, *Positive thinking*, Element, Shaftersbury, 1989

Phillip C. McGraw, *Life Strategies*, Hyperion, 1999

Susan Jeffers, *Feel the fear and do it anyway*, Hutchinson ltd, 1987

Stephen R. Covey, *The 7 habits of higly effective people*, Fireside, Simon & Shuster, 1989

Sharon Antony Bower and Gordon H. Bower, *Asserting yourself*, Perseus Books, 1991

Manuel J. Smith, *When I say no, I fell guilty*, Bantam, 1985

Robert Conklin, *How to get people to do things*, Ballantine, 1982

Gerard I Nierenberg, *The art of negotiating*, Pocket, 1984

Herbert Fensterheim and Jean Baer, *Don't say yes when you want to say no*, Dell Publishing, 1975

GIOVANNA D'ALESSIO

# L'AUTRICE

Giovanna è socio fondatore e C.E.O. di Asterys, una società di sviluppo organizzativo internazionale, ed assieme ad un network di oltre 80 facilitatori in 20 nazioni lavora come facilitatrice di trasformazione ed executive coach principalmente con Amministratori Delegati, dirigenti e management team di aziende italiane ed internazionali nelle aree della trasformazione culturale e organizzativa, efficacia personale, competenze interpersonali ed Intelligenza Emotiva, sviluppo di competenze di leadership consapevole ed equilibrio tra vita privata e vita professionale. Giovanna ama lavorare assieme alle organizzazioni che vogliono sviluppare o modificare la propria cultura di leadership ed implementare dei nuovi valori condivisi.

Giovanna è il Direttore del corso Professional Coaching Mastery accreditato ACTP da ICF e di Professional Facilitation Mastery, entrambi offerti da Asterys Lab, una società del gruppo Asterys.

Giovanna D'Alessio è considerata la pioniera del coaching e del suo sviluppo in Italia. E' stata tra i primi coach in Europa ad aver ottenuto la certificazione Master Certified Coach di ICF (International Coach Federation).

Ha effettuato il suo coach training a Coach University, in

Colorado e ha inoltre effettuato studi relativi ad Intelligenza Emotiva, Trasformazione personale, Psicologia Transpersonale, Costellazioni Sistemiche, Voice Dialogue, Holacracy.

Ha fondato nel 2002 la Federazione Italiana Coach, adesso ICF Italia, chapter italiano della più importante associazione internazionale di coach professionisti, ICF - International Coach Federation (coachfederation.org).

Nell'ambito di ICF Global, Giovanna è stata Conference Chair della ICF European Coaching Conference che ha avuto luogo a Stresa (VB) nel 2003, membro del Consiglio di Amministrazione per il 2004, Vice President per l'anno 2005, Segretario/Tesoriere nel 2008 e Presidente nel 2010.

Giovanna D'Alessio, MBA a La Jolla University (San Diego, CA) ha fondato e gestito un'Agenzia di Comunicazione per 5 anni a soli 20 anni. Ha poi trascorso 7 anni in Saatchi & Saatchi come Direttore Clienti. Dal 1998 ha lavorato per Yahoo! Inc. prima come responsabile dello start up italiano, successivamente nel quartier generale europeo nella posizione di Direttore Marketing per l'Europa.

Dal 2001 ha riorientato la sua vita attorno al coaching, allo sviluppo organizzativo e della leadership.

Nel 2003 Giovanna ha pubblicato il libro "Come dire No ed essere ancora più apprezzati" edito da Sperling & Kupfer. Nel 2013 RCS Etas ha pubblicato il suo nuovo libro intitolato "Il potere di cambiare. Come sviluppare la leadership personale". La versione inglese intitolata "Personal Mastery. The Path to Transformative Leadership" si può acquistare su Amazon.

COME DIRE NO (ED ESSERE ANCORA PIU' APPREZZATI)

www.ingramcontent.com/pod-product-compliance
Lightning Source LLC
Chambersburg PA
CBHW031319040426
42443CB00005B/147